Umschlag: *Detail der Goldmaske des Pharaos Tutanchamun (XVIII. Dynastie). Kairo, Ägyptisches Museum.*

Seite 1: *Grab Ramses' I. (XIX. Dynastie), Ausschnitt aus den Wandmalereien der Grabkammer. Luxor, Tal der Könige.*
Seite 2–3: *Detail der Goldmaske des Pharaos Tutanchamun (XVIII. Dynastie). Kairo, Ägyptisches Museum.*
Seite 4–5: *Uschebti-Figuren aus dem Grab des Gouverneurs (XXVI. Dynastie). Oase von Baharia.*

Umschlag: *Detail der Goldmaske des Pharaos Tutanchamun (XVIII. Dynastie). Kairo, Ägyptisches Museum.*

Seite 1: *Grab Ramses' I. (XIX. Dynastie), Ausschnitt aus den Wandmalereien der Grabkammer. Luxor, Tal der Könige.*

Seite 2–3: *Detail der Goldmaske des Pharaos Tutanchamun (XVIII. Dynastie). Kairo, Ägyptisches Museum.*

Seite 4–5: *Uschebti-Figuren aus dem Grab des Gouverneurs (XXVI. Dynastie). Oase von Baharia.*

ÄGYPTEN

Tutanchamun
und die Welt
der Pharaonen

Sandro Vannini

Ägypten

Tutanchamun und die Welt der Pharaonen

Text von Silvia Einaudi

DUMONT

Seite 8: *Grabmaske des Amenemope (XXI. Dynastie). Kairo, Ägyptisches Museum.*

Seite 10–11: *Papyrus mit satirischem Inhalt aus Tuna al Gebel (XIX.–XX. Dynastie). Kairo, Ägyptisches Museum.*

Rechts: *Die Pyramiden von Gizeh (V. Dynastie).*

Die Deutsche Bibliothek verzeichnet diese Publikation
in der Deutschen Nationalbibliografie; detaillierte bibliografische
Daten sind im Internet über http://dnb.ddb.de abrufbar.

FOTOGRAFIE:
Sandro Vannini

TEXT:
Silvia Einaudi

ÜBERSETZUNG:
Aus dem Italienischen von Achim Wurm, *italics.de*

GRAPHISCHE GESTALTUNG UND ART DIRECTOR:
Claudia Bonfanti

REDAKTION:
Fiorenza Bariatti

REPRODUKTION:
Immagina - Viterbo

DRUCK:
Artes Gràficas - Toledo

ISBN 3-8321-7513-X

Printed in Spain

Eine Hommage an Ägypten, das Land am Nil, eine Hommage an eine der grossartigsten Zivilisationen der Antike, die drei Jahrtausende lang Bestand hatte. Dieses Buch zeigt uns die alten Ägypter als grandiose Baumeister, geniale Künstler und begabte Handwerker. Die Macht der Pharaonen, die tiefe Religiosität und der unerschütterliche Glaube an ein Leben nach dem Tod in Verbindung mit einem Sinn für das Schöne haben eine Kunst hervorgebracht, deren Zeugnisse vom Delta des Nils bis ins ferne Nubien zu finden sind. Eine Kunst, deren stilistischer Kernbestand bis in älteste Zeit zurückreicht und die doch immer wieder eine epochenspezifische Ausprägung anzunehmen vermag und sogar in der Lage ist, den Formexperimenten und -mischungen mutiger Herrscher zu folgen oder Einflüsse, die von aussen kommen, zu verarbeiten.

Dieses Buch unternimmt eine imaginäre Reise ins alte Ägypten, ausgehend von den Orten, an denen sich zuerst eine beeindruckende und feierliche Kunst im Dienste des Pharaos und seines Hofstaats manifestiert. Von Gizeh bis Medum begegnet der Leser den berühmtesten Werken der Architektur, der Bildhauerkunst, der Malerei und der Goldschmiedekunst. Die nächsten Etappen dieser stromaufwärts führenden Reise auf dem Nil sind die historisch bedeutsamen Stätten der Nekropole von

Beni Hasan, des antiken Tell al Amarna, das unter der Herrschaft des Ketzerkönigs Echnaton zur Hauptstadt emporstieg, und schliesslich die Tempel von Abydos und Dendera. Grosses Augenmerk wird dem antiken Theben gewidmet, dem heutigen Luxor, das besonders viele Denkmäler beherbergt, von den grossartigen Tempelanlagen am Ufer des Nils bis zu den Gräbern im Tal der Könige. Weitere Tempel in Oberägypten, wie die majestätischen Bauten der Insel Philae, schliessen sich an, bevor das nubische Abu Simbel erreicht wird, dessen faszinierende Wüstenlandschaft Ramses II. als Bühne für die beiden Tempel auswählte, die ihm selbst und seiner Gattin unvergänglichen Ruhm sichern sollten.

Die Reise endet, wo sie begann, im Nildelta, in Tanis, berühmt für seinen wunderbaren Schmuck, und Alexandria, dem Zentrum des künstlerischen Schaffens in der Epoche der griechisch-römischen Herrschaft. Das Buch schliesst mit Bildern aus der Oasenstadt Baharia im Südwesten von Kairo, wo noch in jüngster Zeit sensationelle archäologische Entdeckungen gemacht wurden – ein Beweis, dass der Boden Ägyptens noch nach tausenden von Jahren immer neue Überraschungen bereithält.

GIZEH

ABUSIR

SAQQARA

DASCHUR

MEDUM

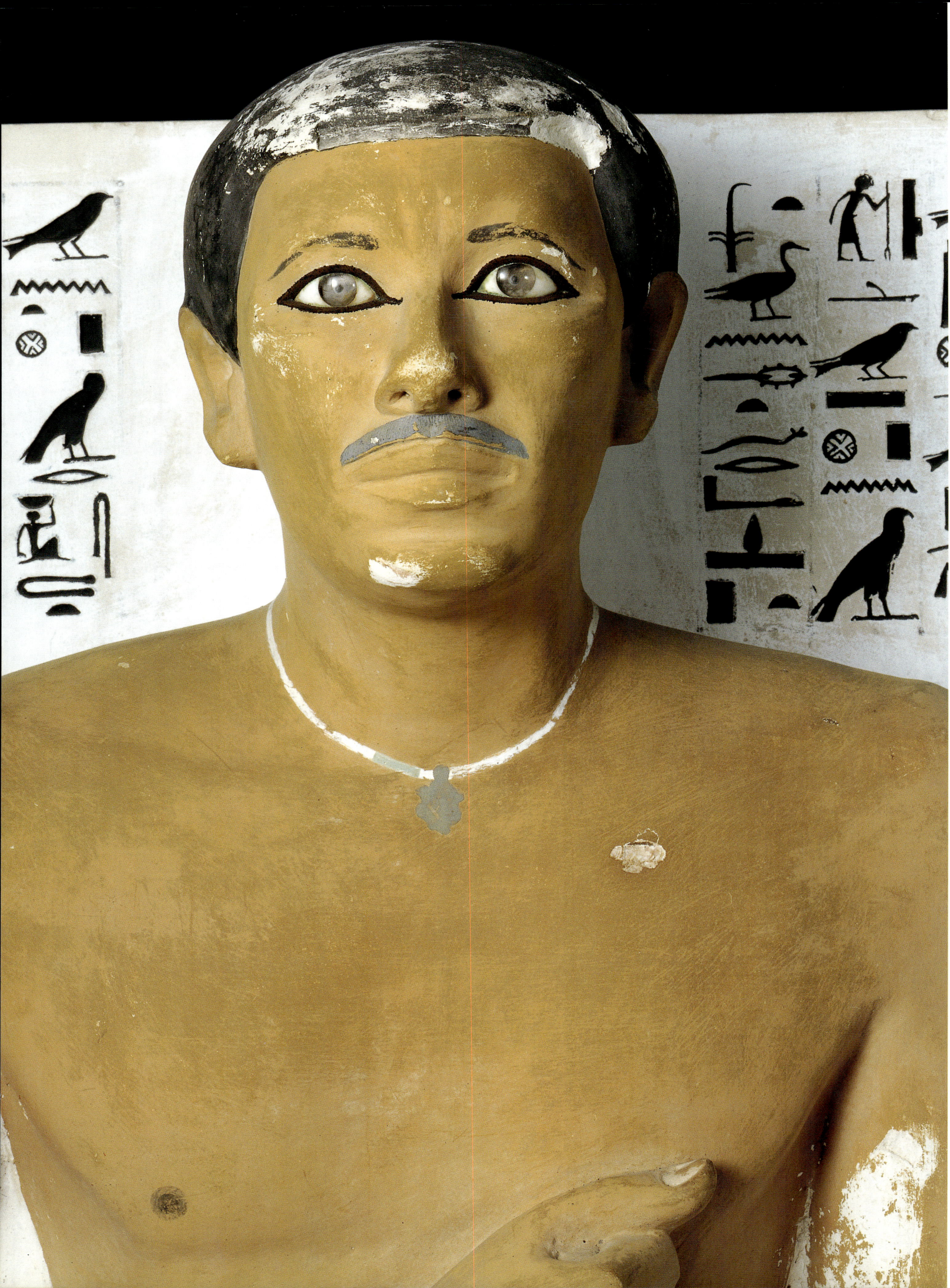

Die beiden Statuen aus bemaltem Kalkstein auf den vorhergehenden Seiten gehören zu den berühmtesten und komplexesten Werken der ägyptischen Kunst. Heute im Ägyptischen Museum in Kairo aufbewahrt, wurden sie im Inneren einer *Mastaba* in Medum gefunden. Sie stellen ein Ehepaar dar, Rahotep und Nofret, das um die Mitte des dritten Jahrtausends v. Chr. lebte und eine hohe gesellschaftliche Stellung innehatte. Mann und Frau sitzen auf zwei weißen Thronen mit hoher Rückenlehne, auf denen ihre Namen und ihre Stellung am Hof angegeben ist. Ihre Körper wirken fest und in sich geschlossen, durch die Bemalung aber zugleich lebensecht. Vor allem verleihen die Augen aus Quarz und Bergkristall den Blicken ein lebendiges Aussehen. Traditionsgemäß ist die Haut des Mannes dunkler als der zarte Teint der Frau, was darauf hinweist, dass sich ihr Leben in größerer Zurückgezogenheit und im Schutz vor der Sonne abspielte.

Die Scheintür war ein in ältester ägyptischer Zeit sehr verbreitetes Element der Grabausstattung. Sie zeigte den Ort an, an dem das Grab sich befand und an dem die Speise- und Trankopfer für das *Ka* des Toten dargebracht wurden. Als Scheintür werden derartige Stelen bezeichnet, weil ihre Gestalt an eine Tür mit Pfosten, Balken, bemalten Seitenteilen und einer zusammengerollten Strohmatte über dem Durchgang erinnert. Nach dem Glauben der Ägypter sollte der Geist des Verstorbenen durch diese Tür treten, um die Totengaben, die die Verwandten dort niedergelegt hatten, entgegenzunehmen. Zur Herstellung dieser Scheintüren verwendete man in der Regel Stein, und das Exemplar des Ika (rechts) gehört zu den wenigen erhaltenen Stücken aus Holz, entspricht jedoch in der Dekoration dem traditionellen Schema, das die Abbildung des Verstorbenen in Begleitung seiner Familie, Verzeichnisse der Grabbeigaben und Gebetsformeln in Hieroglyphenschrift vorsah.

Die vorhergehenden Seiten zeigen den Innenraum der *Mastaba* des Mereruka, des Wesirs von Pharao Teti (VI. Dynastie), die er sich als Grab in der Totenstadt von Saqqara errichten ließ. In einer der Wände dieses von Pfeilern getragenen und mit bemalten Reliefs geschmückten Saals öffnet sich eine Nische mit der Statue des Verstorbenen. Zu ihren Füßen steht auf einer Treppe ein Tisch mit Opfergaben, von denen, so glaubte man, Mereruka sich nach seinem Tod symbolisch ernähren würde.

Die weiträumige *Mastaba* des Mereruka umfasst mehrere Säle, deren Wände mit bemalten Reliefs geschmückt sind, die Menschen und Tiere in verschiedenen Situationen darstellen. Das Detail rechts oben zeigt zwei Szenen: oben fressende Antilopen, im unteren Teil Diener, die eine Hyäne mästen. Die Hieroglyphenschrift an der Seite erklärt dem Betrachter das Geschehen.

Häufig sind an den Wänden der Gräber Szenen dargestellt, in denen männliche und weibliche Opferträger dem Verstorbenen Gaben darreichen, um sein Weiterleben nach dem Tod sicherzustellen. Eine solche Szene findet sich auch in der *Mastaba* des Prinzen Ptahhotep in der Nekropole von Saqqara. Auf dem unteren Bild sieht man einen Zug von nur mit einem Lendenschurz bekleideten Männern, die dem Toten die verschiedensten Erzeugnisse aus seinen Ländereien bringen. Neben Schalen mit Früchten sind es hier Vögel, die die Träger in der Hand halten, und drei Stück Vieh, das am Strick geführt wird.

Auf dem auf S. 26/27 abgebildeten Sockel stand ursprünglich eine Statue des Zoser (III. Dynastie), eines der ersten großen Pharaonen Ägyptens, der eine Epoche grandioser architektonischer Leistungen begründete. Von der Statue sind nur die Füße erhalten, der Sockel ist auf der Vorderseite mit Symbolen verziert, in deren Mitte unter dem Bild eines Falken in Hieroglyphenschrift einer der Königstitel Zosers zu lesen ist.

Die Stufenpyramide des Zoser in Saqqara (vorhergehende Doppelseite) ist das erste von Menschenhand errichtete Steinbauwerk dieser Größe. Umgeben von Mauern und flankiert von Zugangsbauten, bildete die Pyramide den Kern eines weitläufigen Komplexes. Der Entwurf stammte von dem später als Gott verehrten Architekten Imhotep, der den ehrgeizigen Plan hatte, sechs nach oben hin kleiner werdende *Mastabas* übereinander zu türmen – ein bahnbrechendes architektonisches Experiment, das den Weg zur Errichtung der Pyramiden von Gizeh ebnete, mit denen der Gipfel an Monumentalität und Präzision erreicht wurde.

Diese kleine Elfenbeinstatuette (links) ist nur sieben Zentimeter hoch. Sie ist die einzige erhaltene Statue des Pharaos Cheops, dessen Pyramide in der Ebene von Gizeh die größte in ganz Ägypten ist. Der Herrscher sitzt in der hoheitsvollen Pose der Pharaonen auf seinem Thron und hält die Insignien seiner Macht in Händen. Eine flache Krone umrahmt sein Gesicht, das, wie die durchaus realistischen Züge verraten, möglicherweise ein wirkliches Porträt des Königs sein soll. Dass es sich hier um Cheops handelt, bezeugt eine Inschrift auf der Vorderseite des Sockels, die glücklicherweise erhalten blieb.

Eines der sieben Weltwunder und zusammen mit der Sphinx und den umgebenden Bauten ein prachtvolles Wahrzeichen des alten Ägypten sind die Pyramiden von Gizeh. Von den Pharaonen Cheops, Chefren und Mykerinos als Grablege erbaut, die in der Zeit zwischen 2551 und 2472 v. Chr. regierten, bergen die drei Pyramiden wie riesige Gebirge aus Stein in ihrem Inneren lange Gänge, tiefe Schäfte und noch immer geheimnisvolle Grabkammern. Die im Rücken des Totentempels der Pyramide des Chefren liegende majestätische Figur der Sphinx mit dem Körper eines Löwen und dem Kopf eines Menschen beherrscht die dem Nil zugewandte Ebene (vorangehende Seite). Sie symbolisiert die Macht des Pharaos.

In einem Versteck unweit des Tempels am Fuße der Pyramide des Chefren in Gizeh wurde im Jahr 1860 diese Statue aus gestreiftem Diorit entdeckt (links). Das beeindruckende Standbild, das einen muskulösen Körperbau erkennen lässt, stellt den Pharao auf seinem Thron dar. Sein Kopf ist mit den althergebrachten Insignien des Königtums geschmückt, dem *Nemes*-Tuch und dem Zeremonialbart. Neu ist ein anderes symbolisches Element: der Falke. Er stellt den Gott Horus dar, als dessen Verkörperung sich der jeweils regierende Pharao betrachtete.

Die so genannten Triaden des Mykerinos (IV. Dynastie) auf den vorhergehenden Seiten, Dreierstatuen aus graugrünem Schiefergestein, standen ehemals im Tempel zu Füßen der nach diesem Pharao benannten Pyramide in Gizeh. Man vermutet, dass es ursprünglich acht solcher Standbilder gab, eine für jede der Kapellen des Tempels. Die Anordnung der Figuren ist traditionell: Der Herrscher steht in der Mitte, an seiner Seite rechts die Göttin Hathor mit einer Sonnenscheibe zwischen Kuhhörnern und links eine männliche oder weibliche Figur, die eine der Provinzen Ägyptens vertritt.

Die *Mastaba* des Ti, eines hohen Beamten der V. Dynastie, erhebt sich in der Nekropole von Saqqara. Sie bildet fraglos eines der Meisterwerke privater Grabkunst. Ihre Bedeutung rührt insbesondere von den feingliedrigen bemalten Reliefs her (rechts), die die Wände der verschiedenen Grabräume schmücken und die mit erstaunlichem Realismus Szenen aus dem Alltagsleben und dem Landbau zeigen.

Ein Expeditionsteam französischer Archäologen entdeckte in der Nekropole von Saqqara 1996 das Grab des Netjeruymes. Der Schatzmeister und Aufseher der öffentlichen Arbeiten im Bezirk Memphis unter Pharao Ramses II. (XIX. Dynastie) hatte seine Laufbahn wahrscheinlich als königlicher Botschafter begonnen. Zu seiner Grablege gehört ein Kultraum mit reliefgeschmückten Wänden, dahinter befindet sich die vollständig in den Untergrund gemeißelte innere Kammer. Dort kam eine aus dem Fels gehauene Statue zum Vorschein, die einen Pharao darstellt (sicher handelt es sich um Ramses II.), über dem sich als Wahrzeichen der Göttin Hathor der Kopf einer Kuh erhebt, die zwischen ihren lang geschwungenen Hörnern eine Sonnenscheibe trägt.

Die Abbildungen der vorangehenden drei Seiten zeigen Aufnahmen aus dem Grab des Netjeruymes. Die Reliefs, die noch Spuren der ursprünglichen Bemalung bewahrt haben, verraten ihre Zugehörigkeit zur Kultur der Ramessidenzeit. Sie lassen eine große Sorgfalt in der Wiedergabe der Details erkennen, wie die genau gezeichneten Stoffe der mit weiten Ärmeln versehenen Gewänder, die Haarsträhnen und Halsketten zeigen, die aus mehreren Reihen zusammengesetzt sind und von denen die links abgebildete sogar ein rückseitiges Gegengewicht besitzt.

Die oben zu sehende Detailaufnahme stammt aus dem 1990 in der Umgebung von Gizeh entdeckten Grab des Ptah-Shepsesu, der ungefähr in der IV. Dynastie lebte. Die unterirdische Grabkammer, die auch zur Bestattung der übrigen Familienmitglieder bestimmt war, befindet sich auf einem Terrain, auf dem man zahlreiche Gräber gefunden hat, die den Beamten gehörten, die am Bau der nahe gelegenen Pyramiden beteiligt waren.

Dieses Relief ist Teil der Wandgestaltung im Grab des Pthah-Shepsesu in der Totenstadt von Gizeh. Die Figur hält als Zeichen ihres hohen sozialen Ranges einen langen Stab in der Hand und trägt eine breite Kette um den Hals, die zu allen Zeiten von Männern wie Frauen als Schmuck getragen wurde. Die Perücke besteht aus vielen kleinen detailgetreu wiedergegebenen Locken.

Im Tempel von Abusir, den der Pharao Userkaf (V. Dynastie) dem Kult des Sonnengottes Ra gestiftet hatte, wurde ein Schieferkopf gefunden (rechts), der den König mit der roten Krone Unterägyptens, dem Gebiet im Norden des Landes, zeigt. Die elegant ausladende Umrisslinie der Krone verbindet sich harmonisch mit den feinen, regelmäßigen Gesichtszügen, die auf Milde und ewige Jugend hinweisen sollen. Die Brauen, die Augenränder und die vollen Lippen heben sich graziös von der glatten Oberfläche des Steins ab.

Dieser Goldbeschlag in Treibarbeit gehört als Verzierung zu dem edlen Holzbaldachin, der sich in der Grabausstattung der Königin Hetepheres (IV. Dynastie) befand, der Frau des Pharaos Snefru und Mutter des Cheops. Wahrscheinlich wurde die Königin zunächst in Daschur bestattet, bei der Pyramide ihres Gatten, doch nachdem ihre Grabruhe gestört worden war, musste man die gesamte Einrichtung in die Nähe der Cheopspyramide nach Gizeh bringen, wo sie 1925 gefunden wurde. Die Grabausstattung der Herrscherin umfasste unter anderem einige elegante und doch schlichte Möbel aus Holz mit Blattvergoldung. Der Baldachin, unter dem das Bett der Toten stand, ist mit dünnen Goldplättchen geschmückt, die Figuren- und Hieroglyphen-Reliefs tragen. Auf diesem Stück des Beschlags ist der offizielle Königstitel Snefrus zu lesen, dessen Name im unteren Teil, umgeben von einer Kartusche, gut zu erkennen ist.

Petosiris, berühmter Schreiber und Hohepriester aus Hermopolis, lebte am Beginn der Ptolemäerzeit, ihm gehörte dieser außergewöhnliche wie eine Mumie geformte Holzsarkophag. Petosiris' Mumie wurde in drei einander umschließenden Sarkophagen beigesetzt, die größtmöglichen Schutz gewährleisten sollten. Der äußere war aus Stein, die beiden inneren aus Holz. Obschon das Grab geplündert wurde, hat sich ein Teil der Ausstattung erhalten. Der innerste der drei Sarkophage, den wir hier sehen, stellt schon für sich ein wahres Kunstwerk dar und bezeugt die Fähigkeiten der Handwerker, die ihn geschaffen haben. Der Deckel ist wie ein einbalsamierter und bandagierter Körper geformt, aus dem die großen Augen hervorstechen und auf dem die mit Glas eingelegte fünfzeilige Hieroglyphenschrift zu leuchten scheint. Die eingelegte Inschrift, die einen großen Teil des Deckels überzieht und mit viel Geduld und Sorgfalt ausgeführt wurde, verleiht dem ganzen Werkstück eine besondere Lebendigkeit. Der Text enthält der Tradition entsprechend Petosiris' Namen und Titel sowie Gebetsformeln, die dem Verstorbenen helfen sollten, den Gefahren der Totenwelt zu begegnen.

Die beiden Holztorsi stammen aus der Nekropole von Saqqara. Sie bezeugen die hohe Kunst, die die Ägypter bereits in der Frühzeit (V. Dynastie) in der Holzbearbeitung erreicht hatten. Beide Torsi waren ursprünglich mit einer dünnen Gipsschicht überzogen und bemalt und gehörten zu Standbildern, die aus mehreren Teilen zusammengesetzt wurden. Die eingelegten Augen der männlichen Figur verleihen ihr den Ausdruck großer Lebendigkeit, der durch die ursprüngliche Farbfassung noch verstärkt worden sein muss.

Diese kostbare Kette war Teil der Grabbeigaben von Prinzessin Mereret, die in Daschur bestattet wurde, nicht weit von der Pyramide ihres Vaters, des Pharaos Sesostris III. (XII. Dynastie). Sie besteht aus doppelgesichtigen getriebenen Pantherköpfen, jeweils verbunden von einer Zweierreihe Amethystperlen, die mit dem Metall einen intensiven Farbkontrast bilden. Neben seinem ästhetischen Wert hatte der Halsschmuck auch eine magische Schutzfunktion, die von den Tierhäuptern ausging.

Diese Gürtelkette, die im Grab der Prinzessin Mereret gefunden wurde, besteht aus goldenen Gliedern in Muschelform und wurde um die Taille getragen. Der Grabschatz der Mereret wurde in einem Gebiet gefunden, in dem Ende des 19. Jahrhunderts die Grabausstattungen noch anderer Prinzessinnen der XII. Dynastie entdeckt worden waren: Kronreife, Halsketten, Armbänder und Fußreife, Diademe und Geschmeide aus Gold und Edelsteinen. All diese Schmuckgegenstände weisen elegante Formen und leuchtende Farben auf und legen Zeugnis ab von der Kunstfertigkeit der Goldschmiede.

Der Grabschatz der Mereret enthielt auch je einen Brustschmuck aus durchbrochenem Gold und Edelsteinen mit dem Namen ihres Bruders Amenemhat III. und ihres Vaters Sesostris III. Beide Brustplatten wurden von Edelsteinketten gehalten und zeigen das bekannte Bild des siegreichen Herrschers in Gestalt eines Menschen beziehungsweise eines Greifen, der die Feinde an den Haaren packt und erschlägt. Die Szene, über der die geiergestaltige Göttin Nekhbet zum Schutz des Pharaos ihre Flügel ausbreitet, ist streng symmetrisch aufgebaut und von einer Art Architekturrahmen umgeben.

Diese berühmte Skulptur eines Schreibers aus bemaltem Kalkstein stammt aus der V. Dynastie. Sie zeigt die typische Haltung des Schreibens auf einer auf dem Schoß ausgebreiteten Papyrusrolle. Die Aufmerksamkeit des Betrachters wird auf das Gesicht der Figur gelenkt, deren Augen durch die besonders sorgfältige Gestaltung und durch die Umrahmung mit einer in Kupfer nachgeahmten Schminklinie sehr lebendig wirken. Die Perücke beschirmt das breite Gesicht wie ein Zeltdach, während der am Kinn angebrachte künstliche Bart verloren ist und auch von einem Halsschmuck sich nur einige Spuren erhalten haben.

Zu der Pyramide des Pharaos Nefrerefre (V. Dynastie) gehörte ein eigener Totentempel. Dort wurde diese farbig gefasste Statuette aus Kalkstein gefunden. Die muskulöse Figur des Königs hält noch das Szepter in Händen, während die übrigen Insignien der herrscherlichen Macht verloren sind: am Kinn der Zeremonialbart und auf der Stirn das Schlangenemblem, das die Feinde in Schrecken versetzen sollte. Der Kopf hat einige Farbspuren bewahrt und wird auf seiner Rückseite schützend von der Figur eines Falken umgeben, der den Gott Horus symbolisiert, als dessen irdische Inkarnation die Pharaonen betrachtet wurden.

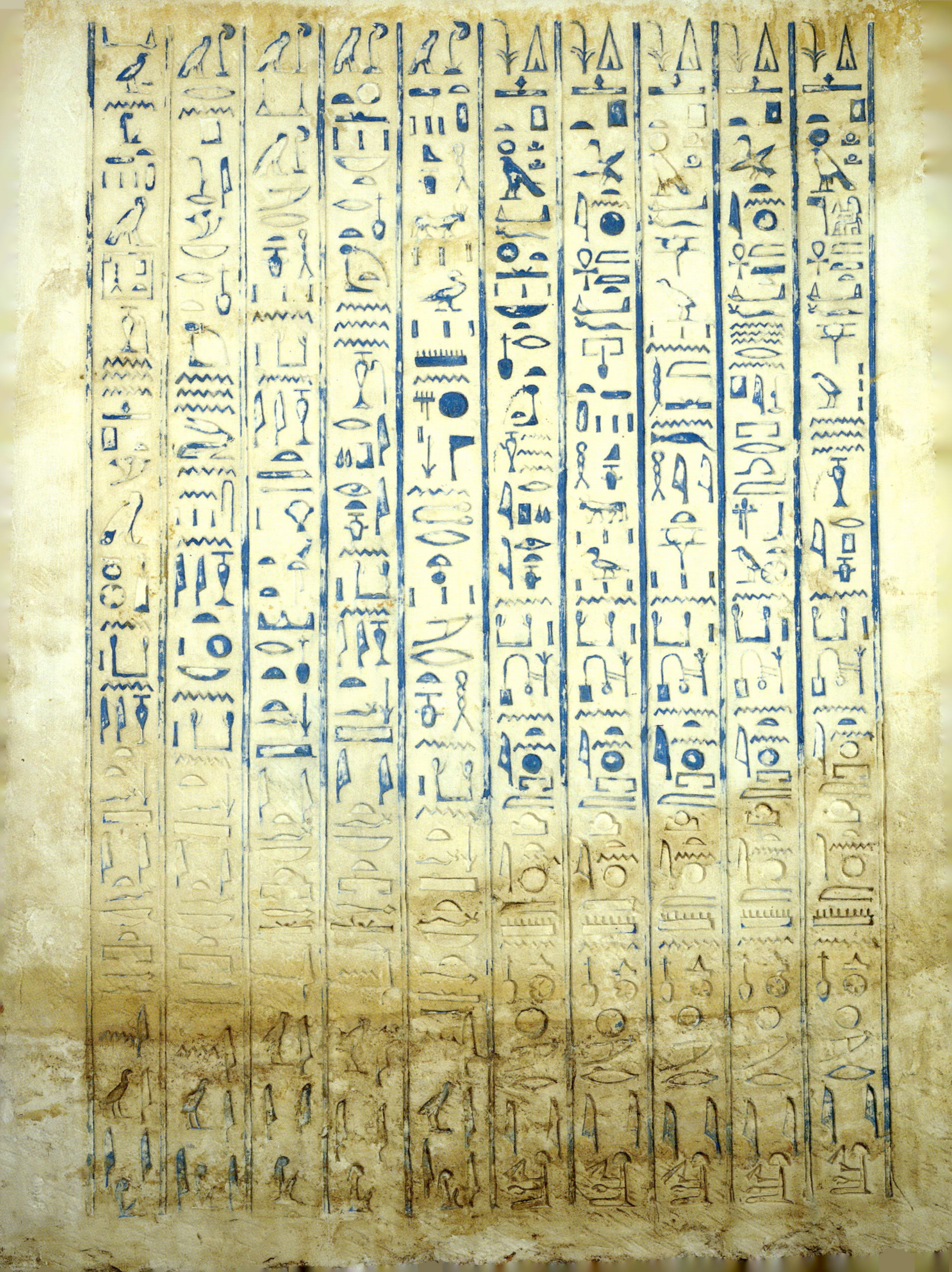

Eine typisch ägyptische Schöpfung ist diese Grabskulptur aus der XVIII. Dynastie, die ein Ehepaar auf einem Doppelthron mit hoher Rückenlehne zeigt (S. 62). Häufig ließen sich Ehegatten nebeneinander sitzend darstellen, die Arme umeinander gelegt, um die eheliche Zuneigung, die sie verband, auch über den Tod hinaus anzudeuten. Gelegentlich gesellten sich dem Paar auch Figuren ihrer Kinder hinzu, allerdings waren diese dann kleiner dimensioniert. Die Eheleute auf dieser Stele gehören zur Oberschicht und tragen Halsschmuck, Perücke und lange, eng anliegende Gewänder.
Wie häufig der Fall, ist auf der Rückseite der Stele eine lange, in zehn Spalten geteilte Inschrift mit farbig ausgemalten Hieroglyphen eingemeißelt. Die ersten fünf Spalten enthalten den Namen und die Titel des Mannes, Merire, Schreibers des Gottes Aton, während die anderen fünf sich auf seine Gattin Iniuj beziehen. Beiden jedoch ist die Liste der zahlreichen Grabbeigaben gewidmet, die ihnen ein sorgenfreies Leben im Jenseits garantieren sollten.

Links sieht man das Detail eines Reliefs aus dem Grab der Maia, das kürzlich von französischen Forschern entdeckt wurde. Maia, Amme des Pharaos Tutanchamun (XVIII. Dynastie), wird als schöne Frau mit anmutiger Gestalt dargestellt, die auf einem Schemel sitzt und den kleinen König auf den Knien hält. Auf der voluminösen Perücke, die sie trägt, thront ein duftender Salbkegel, wie er bei zeremoniellen Anlässen getragen wurde.

BENI HASAN

TUNA AL GEBEL

TELL AL AMARNA

HIERAKONPOLIS

Zu den bedeutendsten Werken der ägyptischen Kunst gehören die Gräber von Beni Hasan, einem Ort in Mittelägypten, unweit des heutigen Minia. In reich geschmückten Grabkammern sind dort hochrangige Gauvorsteher der XI. und XII. Dynastie beigesetzt. Die vorangehenden Seiten zeigen das Innere des Grabes von Amenemhet, einem hohen Beamten aus der Zeit des Königs Sesostris I. In der Stirnwand der Säulenhalle, deren Pfeiler noch zum großen Teil intakt sind, befindet sich eine Nische, die zur Aufnahme eines Standbildes bestimmt war. Die umgebenden Wände sind mit kriegerischen Kampfszenen und Bildern von einer Pilgerfahrt zu Schiff an eine der heiligen Stätten Ägyptens versehen.

Die Abbildung links stammt aus dem Grab des Khety, der in der Zeit der XI. Dynastie Gauvorsteher von Beni Hasan war. Unter einem Fries mit Pflanzenornamenten und einer Zeile mit Hieroglyphenzeichen am oberen Rand der Wandbemalung sieht man mehrere untereinander angeordnete Reihen von miteinander ringenden Männerfiguren. Die Bewegungen der Figuren scheinen wie in den Augenblick gebannt, und ähnlich wie bei den Bildern eines Filmstreifens erkennt man den Ablauf der Handlung, wenn man die einzelnen Szenen in Folge betrachtet.

Aus dem Palast des Pharaos Echnaton (XVIII. Dynastie) in Tell al Amarna stammt diese Alabasterstele, die den König und seine Familie bei der Verehrung der Sonnenscheibe Aton zeigt. Der Pharao, hinter dem seine Ehefrau und seine Tochter folgen, erhebt seine Hände zur Sonne, von der strahlenförmig Arme ausgehen, deren Hände die Gabe des Lebens gewähren. Die Figuren sind in dem für die Kunst in der Regierungszeit Echnatons typischen Stil gezeichnet, die Gesichter sind gelängt, das Kinn betont, der Bauch fließt weich herab und ruht auf breiten Hüften. Mit König Echnaton ist der Kult des Aton, der von ihm zum alleinigen Gott erhobenen Sonnenscheibe, untrennbar verbunden. Die nachfolgenden Generationen verdammten ihn hierfür als Ketzer.

Die berühmte Königin Nofretete, Gattin des Pharaos Amenophis IV.-Echnaton, wurde in mehreren Porträts verewigt. Eines der schönsten stellt diese Büste aus Quarzit dar, die mit anderen Teilen zusammengesetzt werden sollte, aber nicht vollendet wurde. Man erkennt dies unter anderem an den schwarzen Strichen, die dem Bildhauer als Orientierungslinien dienen sollten, und an dem Fehlen einer abschließenden Bemalung. Dies alles schmälert nicht die feine und vornehme Eleganz des Gesichtes, das leicht erhoben ist und dessen gleichmäßige Züge den Ruhm der Schönheit Nofretetes begründet haben. Die Büste stammt aus Tell al Amarna, einer Stadt in Mittelägypten, in die Echnaton seine Residenz verlegt hatte, und wurde in der Werkstatt eines Bildhauers gefunden, der seine Arbeit nicht beenden konnte. Unvollendete Stücke wie dieses lassen nicht nur den Arbeitsablauf erkennen, sie ermöglichen auch einen intimen Blick auf das Wirken des Künstlers.

Diese Schiefertafel aus dem Tempel des Horus in Hierakonpolis gilt als das erste bedeutende Dokument der ägyptischen Kunstgeschichte. Sie ist die vergrößerte Variante eines in Ägypten sehr verbreiteten Alltagsgegenstandes, einer Schminktafel, die zum Mischen von Malachit oder Bleiglanz benutzt wurde, mit denen man sich die Augen schminkte, um sie gegen die blendende Sonne zu schützen. Die Schiefertafel, die auf beiden Seiten Reliefs trägt, hatte keinen Gebrauchwert mehr, sondern diente offensichtlich magischen Zwecken und wurde wahrscheinlich als Votivgabe im Tempel aufgestellt. Zudem hatte sie eine politische Dimension, insofern sie, einer verbreiteten Deutung zufolge, auf die Einigung des zuvor in ein Nord- und Südreich gespaltenen Königreiches anspielt, die unter der Herrschaft des Narmer geschah. Dieser ist auf beiden Seiten der Tafel dargestellt, einmal wie er einen unterlegenen Gegner erschlägt und über Unterworfene hinweg schreitet, sodann mit den Leichen enthaupteter Gefangener. Die Tafel würde demzufolge die Einigung des Landes am Nil unter einem Herrscher feiern, die um 3000 v. Chr. stattfand und als Beginn der ägyptischen Geschichte gilt.

ACHMIM

ABYDOS

DENDERA

In der Nähe des heutigen Sohag lag einst die dem Gott der Fruchtbarkeit Min geweihte Stadt Achmim. Die Tempel, die sie beherbergte, wurden zum großen Teil von den Bewohnern des benachbarten Ortes als Steinbruch benutzt. Zu einem der Tempelbauten von Achmim gehörte auch dieses Bruchstück eines Kopfes, das wahrscheinlich von der Statue eines Herrschers der Ramessidendynastie stammt. Charakteristisch ist das leichte Lächeln und der Zeremonialbart, der zugleich Königtum und Göttlichkeit des Pharaos symbolisiert.

Dieses Relief befindet sich in einem Tempel, den der Pharao Sethos I. (XIX. Dynastie) in der Stadt Abydos errichten ließ. Der Bau, der wegen seiner Größe und der Pracht der Ausschmückung zu den bedeutendsten Kultkomplexen des alten Ägypten gerechnet werden kann, wurde erst unter der Herrschaft des Sohnes von Sethos I., Ramses II., vollendet, und dieser ist auch auf dem links abgebildeten Relief zu sehen, wie sich aus den beiden Kartuschen mit seinen Königsnamen rechts oberhalb der Figur ergibt. Der Pharao trägt die Uräus-Krone und erhebt die Hände anbetend zum Himmel.

Zu den bedeutendsten und am besten erhaltenen Kultarchitekturen des alten Ägypten gehört der Tempel der Göttin Hathor in Dendera, der in griechisch-römischer Zeit nördlich von Theben errichtet wurde. Seine zum Großteil farbigen Reliefs, die langen Hieroglypheninschriften und die phantasievoll gearbeiteten Säulenkapitelle sind nahezu unversehrt erhalten geblieben. Zwar stammt der Bau aus der Spätzeit Ägyptens, als das Land schon von den Griechen erobert war, aber er folgt den Regeln der traditionellen Tempelbaukunst, auch wenn er insbesondere in der Gestaltung der Relieffiguren den Einfluss hellenistischer Kunst erkennen lässt. Die Göttin Hathor, die hier verehrt wurde, war die Göttin der Liebe und der Freude, der Musik und des Tanzes. Sie wurde als Frauengestalt mit den Hörnern und Ohren einer Kuh dargestellt und hieraus erklärt sich auch das außergewöhnliche Aussehen der Kapitelle des Tempels: Sie sollten das Gesicht der Göttin mit ihren in die Breite gezogenen Augen und abstehenden langen Ohren wiedergeben. Jede Säule des Tempels besitzt ein solches Kapitell mit dem Gesicht der Göttin auf allen vier Seiten.
Die vorhergehenden Illustrationen zeigen die beeindruckende Säulenhalle des Tempels, dessen Dach erhalten geblieben ist. Dem Säulenwald dieser ersten Halle folgt ein zweiter Saal, an den sich das eigentliche Heiligtum anschließt. Jede der 24 Säulen der Halle wird von dem für Dendera typischen, so genannten Hathor-Kapitell bekrönt. Die Säulenschäfte sind mit Inschriften und Reliefs bedeckt, auf denen der Pharao und zahlreiche Göttergestalten dargestellt sind.

Das große goldene Ohrgehänge rechts ist eines von zweien für Ramses XI., den letzten Herrscher des Neuen Reiches (XX. Dynastie), gefertigten Stücken, wie man an den Namenskartuschen auf der Innenseite ablesen kann. Gefunden wurde der Ohrschmuck jedoch in Abydos im Grab einer Frau, die vielleicht zur königlichen Familie gehörte und ihn als Geschenk erhalten hatte. Er besteht aus einer Scheibe mit fünf Uräus-Schlangen über einem Plättchen mit der Darstellung einer geflügelten Sonnenscheibe, an der wiederum fünf weitere Schlangen befestigt sind. Diese werden durch einen Stab zusammengehalten, von dem sieben Anhänger, ebenfalls in Gestalt einer Schlange, herabhängen. Ohrgehänge kamen in Ägypten unter dem Einfluss orientalischer Nachbarn in der Zeit des Neuen Reiches in Mode. Sie wurden von Frauen und Männern gleichermaßen getragen, worauf die Ohrlöcher hindeuten, die man an den Mumien einiger Pharaonen festgestellt hat.

TAL DER KÖNIGE

TAL DER KÖNIGINNEN

TAL DER ADLIGEN

Die außergewöhnlichen Wandmalereien, die hier abgebildet sind, stammen aus dem Grab der Nefertari, der Frau Ramses' II. (XIX. Dynastie). Als der Italiener Ernesto Schiaparelli die unterirdische Grabkammer im Tal der Königinnen bei Luxor im Jahr 1904 entdeckte, enthielt sie nur noch einige wenige Stücke der Grabbeigaben. Sie entschädigt für diesen Verlust mit ihren wunderbaren Wandmalereien, die vollständig erhalten sind und vor kurzem restauriert wurden. Die figürlichen Szenen sind von großen farbigen Hieroglyphen umgeben und zeigen an mehreren Stellen die Gestalt der schönen Nefertari. Rechts sieht man sie mit einer Geierhaube, einem breiten Halsschmuck und einem weißen gefältelten Gewand, durch das ihre Körperform hindurchschimmert.

Der Vorraum des Grabes der Nefertari wird von einem Wandbild geschmückt, das die Totenwache vor dem einbalsamierten Leichnam der Königin zeigt. Wie die farbigen Hieroglyphen auf weißem Grund aufgemalt, steht im Mittelpunkt des Bildes der Katafalk mit der Mumie der Nefertari, die bereits bandagiert ist und eine Grabmaske mit Zeremonialbart trägt. An Kopf- und Fußende wachen zwei große Falken, die die beiden Schutzgötter der Verstorbenen symbolisieren, Isis und Nefti, dazu gesellen sich links zwei Löwen, die eine Sonnenscheibe tragen, und ein Reiher, der den Geist des Sonnengottes Ra symbolisiert. Zur Rechten des Totenbetts kniet eine dunkelhäutige Götterfigur mit einem Palmwedel in der Hand. All diese Elemente besitzen, wie so oft, einen verborgenen religiösen und magischen Sinn.

Das Grab der Nefertari im Tal der Königinnen enthält die vielleicht schönsten und am besten erhaltenen Wandmalereien des alten Ägypten. Die gesamte Anlage ist vom Eingangsraum bis zur Grabkammer durchgehend mit Malereien geschmückt, die einem Programm folgen, das sich streng nach der Logik einer religiösen Symbolsprache richtet. Unter der Decke eines blauen, mit Tausenden gelber Sterne übersäten Nachthimmels wechseln Wandzonen mit Inschriften und figürlichen Darstellungen in leuchtenden Farben einander ab. Die hier abgebildete groß angelegte Szenerie zeigt spiegelbildlich die Königin Nefertari vor zwei Tischen mit Fleischopfern, die sie zwei jeweils in der Mitte thronenden Göttern darbringt, links Osiris, Totengott und Beherrscher der Unterwelt, in seinem Rücken Atum, eine der Verkörperungen des Sonnengottes. Die in Spalten angeordneten Inschriften enthalten kurze Gebetsformeln, die Namen der Götter und, eingefasst von einer Kartusche, den der Königin Nefertari.

Einige der Wandbilder im Grab der Nefertari zeigen Grabgeister wie das widderköpfige Wesen links oder die Wächter des Totenreichs, so das Krokodil mit Menschenkörper und das kauernde Kind rechts. Diese Wesen stehen am Eingang der verschiedenen Bereiche der Unterwelt, und wie die sieben Himmelskühe und der Stier sind diese

Symbolfiguren nach dem Vorbild religiöser Schriften wie dem *Ägyptischen Totenbuch* gestaltet, die dem Verstorbenen helfen sollten, den Gefahren der Unterwelt zu begegnen. Eine kürzlich durchgeführte Restaurierung hat den Malereien im Grab der Nefertari ihre ursprüngliche Leuchtkraft wiedergegeben.

Das Grab Thutmosis' III. (XVIII. Dynastie) liegt in einer engen Schlucht am Ende des Tals der Könige verborgen. Der außergewöhnliche Grundriss der Grabkammer, die wie eine Kartusche geformt ist, und die besondere Art der Ausmalung machen sie zu einer echten Besonderheit. Die Figuren der Ausmalung sind hochgradig stilisiert, nur ihre Umrisslinien sind in Schwarz auf weißem Hintergrund mit schnellem sicherem Strich gezogen. Mit schneller Hand und doch voll Eleganz sind auch die Hieroglyphen gemalt, die dadurch betont grafische Formen annehmen. Auf dem Ausschnitt rechts sieht man die wie ein klarer Nachthimmel bestirnte Decke der Grabkammer und auf der darunter liegenden Wand, unterhalb drei weiterer Reihen von Sternen, die von Rechtecken umgebenen Figuren und Namen zahlreicher Gottheiten.

Zu den kleinsten Gräbern im Tal der Könige zählt dasjenige Ramses' I., des Begründers der XIX. Dynastie. Als einziger Raum der unterirdischen Grabanlage wurde die Grabkammer ausgemalt und mit figürlichen Darstellungen versehen. Links sieht man den Wechsel von farbigen Figuren und Spalten mit Hieroglypheninschriften religiösen Inhalts; oben ist der Pharao vor dem Gott Ptah dargestellt, der traditionsgemäß mit einem eng anliegendem Gewand und Kalotte bekleidet ist. Hinter der Gottheit erhebt sich der *Djed*-Pfeiler, ein magisches Symbol der Standhaftigkeit, während im Rücken des Königs Maat zu sehen ist, die Göttin der Wahrheit und Gerechtigkeit. Die Königsnamen Ramses' I. sind in zwei Kartuschen auf Kopfhöhe eingetragen. Wenn sich in diesem und anderen Gräbern Ägyptens die Malereien in all ihrer Lebendigkeit erhalten haben, ist dies dem heißen und trockenen Klima zu verdanken, das sie vor dem Verfall bewahrt hat.

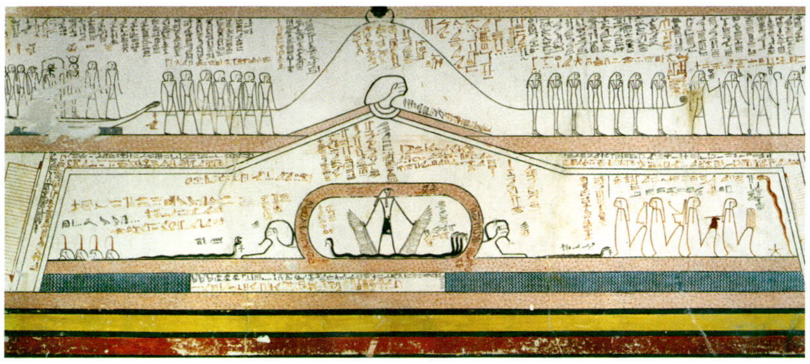

Die Grabkammer Thutmosis' III. stellt in Anlage und Gestaltung eine Ausnahmeerscheinung dar. Der große Saal ist auf dem Grundriss einer Hieroglyphenkartusche errichtet, seine Wände sind lückenlos mit Figurendarstellungen und Inschriften bemalt. Diese beziehen sich auf einen Begräbnistext, der unter dem Titel *Amduat* (»Was im Jenseits sein wird«) bekannt ist und in dem Berichte über die Jenseitsreise des Sonnengottes gesammelt sind, der in den zwölf Stunden der Nacht auf seiner Barke die Unterwelt durchquert, bevor er wieder aufersteht. Hier ist ein Ausschnitt aus der fünften Stunde wiedergegeben, der die ovale Höhle zeigt, in der die Gottheit Sokar wohnt. In allen Szenen finden sich zahlreiche symbolische Details, die sich auf alte und oft geheime Glaubensvorstellungen beziehen. Die schematisierte und dem Grafischen angenäherte Malweise erweckt den Eindruck, als betrachte man eine weit geöffnete Papyrusrolle.

Diese Bild zeigt einen Ausschnitt der so genannten astronomischen Decke, die die Grabkammer Sethos' I. (XIX. Dynastie) im Tal der Könige schmückt (ein weiterer Ausschnitt auf S. 116–117). Eine lange Prozession von Göttern, erkennbar an ihren Gestalten und an den Symbolen über ihren Häuptern, bewegt sich nach rechts. Es zeugt von hohem malerischem Können, wie durch die Überlagerung von Oberkörpern und Beinen der Eindruck einer Menge in Bewegung entsteht. In den Feldern darüber sind stilisierte Sterne und erläuternde Inschriften angeordnet. Die gemalte Himmelskarte, die sich genau über dem Sarkophag befand, in dem der Leichnam des Pharaos lag, sollte dem Verstorbenen den Aufstieg in die himmlischen Regionen erleichtern, wo er sich mit dem Reigen der Götter vereinen würde.

Die Detailaufnahme aus dem Grab Ramses' I. zeigt den langen, verschlungenen Körper der Apophis-Schlange, die ein Symbol des Bösen war und die Sonne auf ihrem nächtlichen Weg durch die Unterwelt bedrohte, bevor diese sich allmorgendlich wieder erhob.

Die Schlange wird vom hier in der Gestalt eines Pharaos dargestellten Gott Atum, einer der Verkörperungen des Sonnengottes, mit einem Stock in Schach gehalten. Zwischen den beiden Kontrahenten stehen in Hieroglyphenschrift ihre Namen.

Diese Szene aus dem Grab Ramses' I. illustriert einen Passus aus dem heiligen Text des *Buchs der Pforten.* Am oberen Rand sind mehrere Sarkophage aufgereiht, darunter Hieroglyphen in Spalten angeordnet. Im Vordergrund stehen auf einer Doppelrampe die

zwölf Stunden der Nacht in der Gestalt von zwölf Frauen, in ihrer Mitte windet sich symbolisch die Schlange der unaufhörlich verrinnenden Zeit.

Das Grab des Menna, eines hohen Beamten, der unter Thutmosis IV. und Amenophis III. (XVIII. Dynastie) in Theben lebte, weist wie viele Gräber im Tal der Adligen einen Grundriss in Form eines umgekehrten T auf. Über einen Hof gelangt man in einen Querraum, der vollständig mit Wandmalereien versehen ist, an den sich im rechten Winkel ein zweiter, ebenfalls ausgemalter Raum anschließt. Die oben abgebildete Szene befindet sich im ersten Raum und zeigt ganz links Menna, der sitzend auf das in mehreren Reihen angeordnete Geschehen vor ihm blickt. Die Größe der Figur und der Stab, den sie in der Hand hält, weisen unübersehbar auf den hohen Rang der dargestellten Person hin. Unter Mennas wachsamen Augen werden die Felder vermessen, der Acker gepflügt und gesät, wird das Korn geschnitten, die Spreu vom Weizen getrennt und die Ernte verladen. Auch kleine Genreszenen fehlen nicht, wie die zweier streitender Mädchen oder zweier Arbeiter, die im Schatten eines Baumes ausruhen (unterste Bildreihe).

Der Wesir Rechmire, der zugleich Gouverneur von Theben war, lebte in der Regierungszeit Thutmosis' III. und Amenophis' II. (XVIII. Dynastie). Sein Grab im Tal der Adligen hat seine leuchtenden Reliefs bewahrt, während die in den Fels gehauene Grabkammer schon in der Antike von Grabräubern geplündert wurde, so dass sich von den Grabbeigaben nichts erhalten hat. Auch dass in der Mitte des 19. Jahrhunderts eine ägyptische Familie samt Viehzeug dort einzog, hat den Zustand der Grabanlage nicht verbessert. Die heute restaurierten Wandmalereien gewähren einen Einblick in das Wirken Rechmires, der bei der Überwachung verschiedener Tätigkeiten dargestellt wird. Die Bildreihen zeigen Szenen aus dem Alltagsleben und der Arbeitswelt, von der Weinlese und der Einlagerung des Getreides über die Bestellung der Felder und Jagdszenen bis hin zur Darstellung von Handwerkern, Bauleuten und Goldschmieden bei der Arbeit und schließlich die Eintreibung der Steuern.

Im Jahr 1817 entdeckte Giovanni Battista Belzoni das Grab Sethos' I., das eines der schönsten und prächtigsten im Tal der Könige ist. Seine Besonderheit liegt vor allem in der stilvollen Wanddekoration, die Belzoni detailgetreu in Zeichnungen übertrug, die er dann unter großem Zulauf in London und Paris der Öffentlichkeit präsentierte. Der mächtige Kalzitsarkophag wurde von dem englischen Architekten und Sammler Sir John Sloane erworben und ist heute in dem nach ihm benannten Museum in London zu sehen. Die auf S. 110–111 abgebildete Szenerie entspricht der im Grab Ramses' I.: Unter einem Uräus-Fries sind die zwölf Stunden der Nacht in Frauengestalt dargestellt, die auf einer Doppelrampe stehen, in deren Mitte sich die Schlange der Zeit befindet. Die Abbildung links zeigt den Pharao mit gestreiftem *Nemes*-Kopftuch, breitem Halsschmuck und plissiertem Lendenschurz vor Osiris, dem Gott der Toten und der Unterwelt.

Zu den außergewöhnlichen Malereien aus dem Grab Sethos' I., in dem Inschriftenfelder und Figurenszenen in ausgewogenem Wechsel einander ablösen und formal ergänzen, gehört auch die Ausmalung der gewölbten Decke der Grabkammer. Sie zeigt Gestalten, die die wechselnden Jahreszeiten symbolisieren, Himmelsgötter und Sternbilder. Die Malereien, von denen einige Details auf S. 116–117 abgebildet sind, haben ihre ursprünglichen Farben erstaunlich gut bewahrt. Von einem nachtblauen Hintergrund heben sich in hellem Gelb gehaltene Figuren und Hieroglyphen ab, deren Konturen in Rot hervorgehoben sind. Das Bildprogramm dieser so genannten astronomischen Decke stellt eine bis dahin unbekannte Neuerung in der ägyptischen Kunst dar.

Eine der originellsten und abwechslungsreichsten Bildfolgen im Tal der Könige bietet das Grab Ramses' VI. Neben traditionellen Bildthemen treten auch völlig neue Typologien auf. Die Aufnahme auf S. 118–119 zeigt das Innere der Grabkammer, in der man vor einiger Zeit den wie eine Mumie geformten steinernen Sarkophag, den antike Grabräuber zertrümmert hatten, aus über zweihundert Bruchstücken wieder zusammengesetzt hat. Allerdings ist die Maske, die die Züge des Pharaos wiedergibt, nur eine Kopie des Originals, das sich bereits seit Beginn des 19. Jahrhunderts im Britischen Museum in London befindet. Die Wände besitzen noch die ursprünglichen Farben und Wandmalereien, darunter am Kopfende der Kammer das Bild der Sonnenbarke, auf der der Sonnengott jede Nacht seine Reise durch die Unterwelt antritt.

Der größte Teil der Kunstdenkmäler des alten Ägypten findet sich in einem Gebiet westlich des Nils, auf der Höhe von Luxor, darunter zahlreiche Gräber aus der Zeit des Neuen Reiches. Teils handelt es sich um Pharaonengräber, so im Tal der Könige und dem der Königinnen, teils um Privatgräber, von denen die schönsten in der Gegend von Gurna liegen, die deshalb als Tal der Adligen bezeichnet wird. Diese Gräber, angelegt für die Angehörigen der Oberschicht, wurden in den Felsuntergrund geschlagen und sind zum Teil nur sehr gering bemessen. Gelegentlich sind sie mit Reliefs ausgestattet, aber in der Regel wurden sie lediglich ausgemalt, so auch das Grab des Menna (XVIII. Dynastie), aus dem die nebenstehende Abbildung stammt, die einen Ausschnitt aus einigen lebendig gezeichneten Szenen zeigt, die dem Fischfang und der Jagd in der Uferzone des Stroms gewidmet sind. Mit raschem Pinselstrich hat der Maler verschiedene Fische, Wasserpflanzen und ein Krokodil festgehalten.

Die Aufnahmen der vorangehenden Seiten zeigen Ausschnitte aus einem berühmten Bild im Grab des Menna im Tal der Adligen (siehe auch S. 120). Menna, der zu Lebzeiten Oberaufseher der Tempelländereien war, ließ das Grab für sich und seine Gattin errichten, die mehrfach gemeinsam mit ihm dargestellt ist. Das Wandbild zeigt Menna auf einer Barke, umgeben von seiner Familie bei der Jagd auf Fische und Vögel. Das Bild steckt voller symbolischer Anspielungen, lässt aber zugleich die Beobachtungsgabe des Künstlers erkennen, der in den Halmen der Papyruspflanzung eine Katze und einen Ichneumon bei der Pirsch auf Vogelnester zeigt.

Im Tal der Adligen liegt auch das Grab des Khaemhat (XVIII. Dynastie), das zu den wenigen Gräbern dort gehört, deren Wandschmuck nicht aufgemalt, sondern als Relief in den Fels gemeißelt wurde. Das berühmteste Beispiel für diese Gruppe ist das Grab des Wesirs und Gouverneurs von Theben, Ramose (S. 127); aber auch die Reliefs, die Khaemhat, Oberaufseher der Kornspeicher des Reiches, in Auftrag gegeben hat, sind mit Sorgfalt und Formenreichtum ausgeführt, wie man zur Linken sehen kann. Die Figuren erheben sich leicht aus dem Sandstein, in den sie eingegraben sind. Die ursprüngliche Farbfassung ist verschwunden und erlaubt es so, die feine Zeichnung des reinen Reliefs wahrzunehmen.

Aufgrund seiner wunderbar eleganten Wanddekoration ist das Grab des Ramose im Tal der Adligen eines der schönsten des alten Ägypten. Ramose war Wesir und Gouverneur von Theben unter der Regierung Amenophis III. und Amenophis IV.-Echnaton (XVIII. Dynastie). Die Wände einer Säulenhalle, die den Hauptraum der Grabanlage bildet, sind mit teils als Relief, teils als Wandmalerei ausgeführten Szenen bedeckt, von denen einige unvollendet blieben. Links sieht man einen Ausschnitt aus dem Totenmahl zu Ehren des Ramose. Die Gesichter, Frisuren, Gewänder und Geschmeide der Gäste sind mit Meisterschaft und Detailbesessenheit in den weichen Sandstein modelliert. Alle Reliefs hätten eine Bemalung erhalten sollen, doch wurden die Arbeiten nicht vollendet. An einigen Stellen sind auf dem hellen Stein nur die Augen in Schwarz nachgezeichnet, was den Gesichtern eine faszinierende Lebendigkeit verleiht.

DER AL BAHRI
KARNAK
LUXOR
TAL DER KÖNIGE

Diese ganz besondere Halskette ist nicht einfach nur ein Schmuckgegenstand, sondern eine militärische Auszeichnung für Truppenkommandanten, die sich durch Mut und kriegerischen Einsatz auf dem Schlachtfeld hervorgetan hatten. Man kann deshalb überrascht sein, dass sie im Grab einer Frau, der Königin Ahhotep, in Theben gefunden wurde. Wahrscheinlich erhielt sie den Halsschmuck von ihren beiden kampferprobten Söhnen, die Ägypten am Ende der XVII. Dynastie vom Joch der Fremdherrschaft befreit hatten, zum Geschenk. Hierin zeigt sich, welche aktive politische Rolle diese Frau spielte, die sich am Befreiungskampf beteiligte und zeitweise die Regentschaft für ihren Sohn Ahmose übernahm, bevor dieser als erster König der XVIII. Dynastie den Thron bestieg. Drei kunstvoll gearbeitete goldene Fliegen bilden die Anhänger der Kette. Über den aus einer vergoldeten Metallplatte geschnittenen glatten Flügelpaaren erheben sich die stilisierten durchbrochen gearbeiteten Körper des Insekts, mit jeweils zwei großen runden Augen am oberen Ende.

Der Königin Ahhotep gehörte auch dieser *Usekh* genannte goldene Halsschmuck, der mit anderen Schmuckgegenständen im Grabschatz der Königin in Theben gefunden wurde. Er ist aus Schnüren mit goldenen Perlen und geometrisch geformten oder tierförmigen Anhängern zusammengesetzt. Die Enden des Geschmeides bildet jeweils ein goldener Falkenkopf mit blauen Einlagen, der an den Gott Horus erinnert, der traditionsgemäß in der Gestalt dieses Vogels dargestellt wurde.

Die bedeutendste Herrscherin des alten Ägypten war Königin Hatschepsut (XVIII. Dynastie). Als Regentin für ihren unmündigen Stiefsohn Thutmosis III. zur Herrschaft gelangt, nahm sie bald auch die Titel des Königs für sich in Anspruch und trat wie ein Pharao auf. (Tatsächlich ließ sie sich oft mit dem Aussehen eines Mannes darstellen.) Die ehrgeizige und durchsetzungsfähige Frau herrschte fast zwanzig Jahre lang, bis Thutmosis III. schließlich doch den Thron bestieg.

Rechts sieht man das Kopffragment einer überlebensgroßen Säulenstatue von der oberen Terrasse des Tempels der Hatschepsut in Der al Bahri. Die Monarchin erscheint in der Gestalt des Gottes Osiris, mit Krone und Zeremonialbart, den Insignien seiner göttlichen Natur und seiner Königsherrschaft. Auf dem fein gezeichneten Gesicht mit den großen Augen und dem kleinen Mund liegt der Anflug eines Lächelns. Die für die Darstellung von Frauen ungewöhnliche rötlichbraune Färbung der Haut ist ein typisch männliches Attribut und unterstreicht Hatschepsuts Wille zur Selbstdarstellung als echter Pharao.

Der beeindruckende Tempel, den Hatschepsut in Der al Bahri errichten ließ, erhebt sich vor dem Hintergrund des Gebirgszuges von Theben wie vor dem Halbrund eines Theaters, das sich zum Niltal hin öffnet. Der in klaren Formen erbaute Tempel besteht aus mehreren übereinander angelegten Terrassen mit Torbauten, die von Rampen erschlossen werden. Die Königin ließ den Bau mit Kolossalstatuen versehen und mit kunstvollen Reliefs ausstatten, die unter anderem die berühmte Expedition in das ferne, sagenumwobene Punt schildern. Auf diesen Seiten sind Ausschnitte jener Reliefs mit verschiedenartigen Fischen zu sehen, die in Wasser schwimmen, das durch Zickzacklinien angedeutet ist.

Pharao Amenophis II. (XVIII. Dynastie), der Sohn des großen Thutmosis III., ist in dieser Statuette porträtiert, die in einem Versteck im Tempel von Karnak entdeckt wurde. Der als Schreitender dargestellte König trägt wie üblich nur einen plissierten Lendenschurz und eine in runden Formen gehaltene Kopfbedeckung, an der ein Uräus prangt. Im Gegensatz zum schweren und massigen Körper wurde dem säuberlich geglätteten Gesicht größere gestalterische Sorgfalt zuteil. Es gibt die Züge eines Mannes wieder, der als mächtiger und kriegerischer Pharao und Eroberer ein Freund von Kampfspielen und Tierjagden war und Ägypten Macht und Wohlstand bescherte.

Die Tempelanlage von Karnak im altägyptischen Theben ist die prachtvollste und majestätischste Kultstätte in der Geschichte des Pharaonenreiches. Der gesamte Tempelbezirk, der eine Fläche von mehr als hundert Hektar bedeckt, wurde im Lauf der Jahrhunderte immer wieder um neue Bauwerke erweitert, vom Mittleren Reich an bis in die Zeit der griechischen und römischen Herrschaft hinein. Der Haupttempel war dem Gott Amun-Ra geweiht, um den sich kleinere Komplexe gruppierten, in denen andere Gottheiten verehrt wurden. Zu ihnen gehörten Mut, die Gemahlin des Gottes, und Khonsu, sein Sohn. Der beeindruckendste Teil der gesamten Anlage ist zweifelsohne die große Halle (S. 140). Sie umfasst 134 riesenhafte Säulen in Form einer Papyrusstaude, mit Kapitellen, die geschlossenen oder geöffneten Blütenkelchen nachempfunden sind, und flächendeckend dekorierten Schäften. Von den kleineren Kultbauten des Tempelbezirks von Karnak verdient das Heiligtum des Gottes Khonsu, das in unmittelbarer Nähe der Tempelmauer liegt, besondere Beachtung (S. 141).

Es war König Amenophis IV.-Echnaton, der für eine tiefgreifende Umwälzung im Bereich der Religion und der Kunst in der tausendjährigen Geschichte Ägyptens verantwortlich war, um derentwillen man ihn später als Ketzer verdammte. Sein längliches, scharf geschnittenes Profil ist es, das hier in den Stein gebannt wurde. Der Kopf gehörte zu einer Kolossalstatue aus Sandstein, die neben anderen Skulpturen einen Torbau schmückte, den der Pharao im Tempelbezirk von Karnak, im antiken Theben, dem heutigen Luxor, errichten ließ. An jeder der 28 Säulen der offenen Eingangshalle stand eine dieser Statuen, die diesen aufrecht stehend, mit den Insignien der königlichen Gewalt, Szepter und Geißel, und dem traditionellen Nemes-Kopftuch zeigt, das an der Stirnseite einen Uräus trägt. Das Gesicht des Königs ist in einer in der traditionellen ägyptischen Kunst unbekannten Weise gezeichnet: die Augen sind zu schmalen Schlitzen zusammengezogen, die Nase gelängt und die Lippen aufgeworfen, das Kinn mit dem Zeremonialbart ist stark betont. Auch mit der besonderen Darstellung seiner Person wollte Echnaton unmissverständlich auf den von ihm vollzogenen Bruch mit der Tradition hinweisen.

Die Säulenhalle im Tempel von Karnak hatte nicht nur reich geschmückte Stützen, auch ihre Wände waren mit großformatigen Reliefs bedeckt. Rechts eine Szene aus dem Haupttempel des Amun-Ra, die Sethos I. an der Hand der Göttin Mut zeigt, die als Gattin des Sonnengottes galt. Bei schräg einfallender Beleuchtung sieht man im Wechselspiel von Licht und Schatten besonders deutlich die feinen Umrisslinien, in denen die beiden Gestalten aus dem steinernen Untergrund hervortreten. Der Pharao neigt sich leicht nach vorn und folgt der Führung der göttlichen Hand. Die Göttin selbst ist mit einem langen trikotähnlichen Gewand bekleidet und trägt eine Geierhaube, wie sie für weibliche Götter- und Herrschergestalten typisch ist. Der König verfügt ebenfalls über alle Insignien seines Amtes, er hält Szepter und Geißel in der Hand, und der Saum seines Schurzes ist mit Uräus-Emblemen geschmückt.

Zu Beginn des 19. Jahrhunderts entdeckte man in einem Hof des Tempels von Karnak ein Versteck, in das man in alter Zeit Tausende von Statuen aus der Ausstattung des Tempels gebracht hatte. Immer wieder entledigten sich die neuen Herrscher auf diese Weise der Standbilder ihrer Vorgänger, um sie durch eigene zu ersetzen. Die hier abgebildete Statue, die in diesem Versteck gefunden wurde, zeigt Thutmosis III. in der Gestalt einer Sphinx, deren feine Gesichtszüge im Kontrast zu dem muskulösen Löwenkörper stehen. Der Name des Pharaos, der wie kein zweiter als Eroberer die Grenzen des Reiches ausdehnen konnte, ist zwischen den Vorderbeinen und den Tatzen des Löwen eingegraben.

Die am Ostufer des Nils gelegenen beiden Tempel von Karnak und Luxor im alten Theben waren einst von einer circa drei Kilometer langen Allee von Sphingen miteinander verbunden. Von dieser feierlichen Prozessionsstraße hat sich kaum etwas erhalten, da sie im Laufe der Jahrhunderte von der sich ungebremst ausdehnenden Siedlung verschlungen wurde. Heute ist ihr ursprüngliches Aussehen nur noch an einem kurzen Stück im Eingangsbereich des Tempels von Luxor abzulesen. Beiderseits säumten Hunderte von Sphingen die heilige Straße. Die Abbildung S. 148–149 zeigt eine Reihe dieser Figuren, die Nektanebos I. (XXX. Dynastie) wohl auf älteren Fundamenten aufstellen ließ, sie stellen den Pharao als Löwen mit Menschenkopf dar, er trägt das Nemes-Kopftuch mit dem Uräus an der Stirn und einen Zeremonialbart. Es muss ein beeindruckender Anblick gewesen sein, wenn alljährlich die Sonnenbarke mit der Statue des Gottes Amun-Ra in feierlicher Prozession von Karnak zum Tempel von Luxor getragen wurde.

Links unten sieht man einen Kopf, der ursprünglich zu einem Standbild Ramses' II. im Tempel von Luxor gehörte. Der Pharao ließ zahlreiche solcher Statuen in dem zu einem Großteil von ihm errichteten Komplex zwischen den Säulen des großen Vorhofes aufstellen. Auch der Eingang der Anlage wurde ursprünglich von sechs mehr als 15 Meter hohen Kolossalstatuen des Königs zwischen Obelisken flankiert. Nur bruchstückhaft erhalten, stellten sie Ramses aufrecht stehend oder auf dem Thron sitzend und mit den Insignien des Königtums versehen dar.

Ein weiteres Standbild Ramses' II. aus derselben Periode zeigt die vorhergehende Doppelseite. Der Pharao, eine Kartusche auf seiner Schulter nennt seinen Namen, weist Züge auf, wie sie für die Bildhauerkunst dieser Epoche typisch sind. Das angedeutete Lächeln bringt die Selbstsicherheit des Herrschers zum Ausdruck.

Der nach Karnak bedeutendste und prächtigste Tempel des antiken Theben war der von Luxor am Ostufer des Nils (heute inmitten der modernen Ortschaft). Seine architektonische Gestalt erfuhr im Gegensatz zu dem des Tempels von Karnak im Lauf der Geschichte kaum Veränderungen oder Erneuerungen. Er beruht auf einem in sich geschlossenen Plan, den Amenophis III. (XVII Dynastie) und Ramses II. (XIX. Dynastie) in die Tat umsetzen ließen. An seinem Eingang standen ursprünglich zwei hohe Obelisken aus Granit, von denen einer jedoch 1836 nach Paris transportiert und auf der Place de la Concorde aufgestellt wurde. Ähnlich wie der von Karnak war auch der Tempel von Luxor, der aus einer Aneinanderreihung von säulengeschmückten Gängen und offenen Höfen besteht, dem Sonnengott Amun-Ra geweiht, dessen Profil das Relief auf der vorhergehenden Doppelseite zeigt.

Zu Recht gilt die Statue Thutmosis' III. (XVIII. Dynastie) aus dem Museum von Luxor (rechts) als eines der Hauptwerke der ägyptischen Bildhauerkunst. Sie stellt den größten Eroberer der ägyptischen Geschichte dar, dessen vorausschauender und risikobereiter Politik das Pharaonenreich die weiteste Ausdehnung seiner Grenzen verdankt. Stiefsohn der Königin Hatschepsut, die er von dem durch sie usurpierten Thron vertrieb, verfolgte Thutmosis, kaum dass er zur Herrschaft gelangt war, ehrgeizige Bauvorhaben und weit greifende militärische Expansionsprojekte, die ägyptische Truppen bis an den Euphrat führte, wo von nun an die Ostgrenze des Reiches liegen sollte. Von den vielen Standbildern, die an ihn erinnern, ist das hier gezeigte aus glattem schwarzem Stein zweifelsohne das bedeutendste. Es gehört in die Reihe der traditionellen Königsbilder, führt aber Harmonie, Eleganz und Ausgewogenheit der Formen auf neue Höhen. Besonders fesselt das Antlitz des Königs den Blick mit seinem anmutigen leichten Lächeln und den zarten Linien des Gesichts, die samtene Schatten zeichnen.

Auch wenn das Museum von Luxor sehr viel kleiner ist als das Kairoer Ägyptische Museum, besitzt es doch zahlreiche außergewöhnlich schöne Stücke, von denen einige auf diesen Seiten zu sehen sind.
Die erste Statue (S. 158) stellt die thronende Göttin Iunit dar und ist Teil einer Gruppe von Figuren die man noch in alter Zeit in einem der Vorhöfe des Tempels von Luxor vergraben hatte.
Der Granitblock mit der Darstellung eines königlichen Würdenträgers kann einem bestimmten Typus der ägyptischen Skulptur zugerechnet werden. Der Dargestellte ist im Sitzen mit bis zur Brust angezogenen Beinen wiedergegeben und bildet so einen Block, der nur vom Kopf der Figur überragt wird. Wahrscheinlich stammt die Skulptur aus dem Totentempel Thutmosis' III., wo sie als Beweis für die Gunst aufgestellt war, die der königliche Beamte beim Pharao genoss, den er auf seinen Feldzügen in den Osten begleitet hatte.

Der große aus Sandstein gefertigte Kopf gehört zu einer der Kolossalstatuen Amenophis IV.-Echantons, des Pharaos, der die religiöse und künstlerische Revolution am Ende der XVIII. Dynastie auslöste. Das Standbild ist Teil eines ganzen Ensembles von Kolossalstatuen für den in Karnak errichteten Tempel des Sonnengottes Aton (einige davon sind im Ägyptischen Museum in Kairo ausgestellt). Die aufgeworfenen Lippen und das vorstehende Kinn der Figur werfen starke Schatten. Der Pharao ist als der Gott Osiris dargestellt und trägt die Doppelkrone mit dem Uräus als Zeichen seines Königtums.

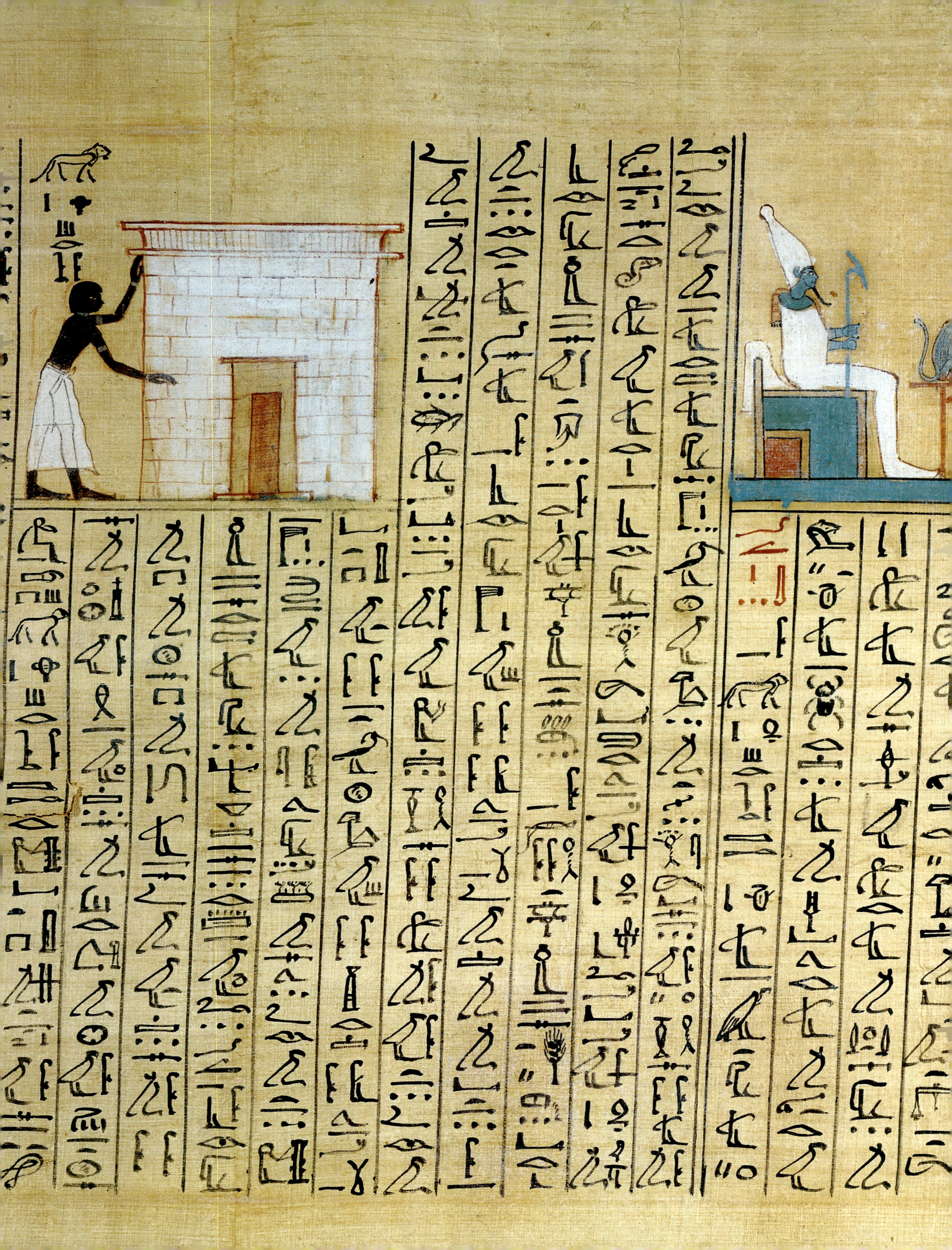

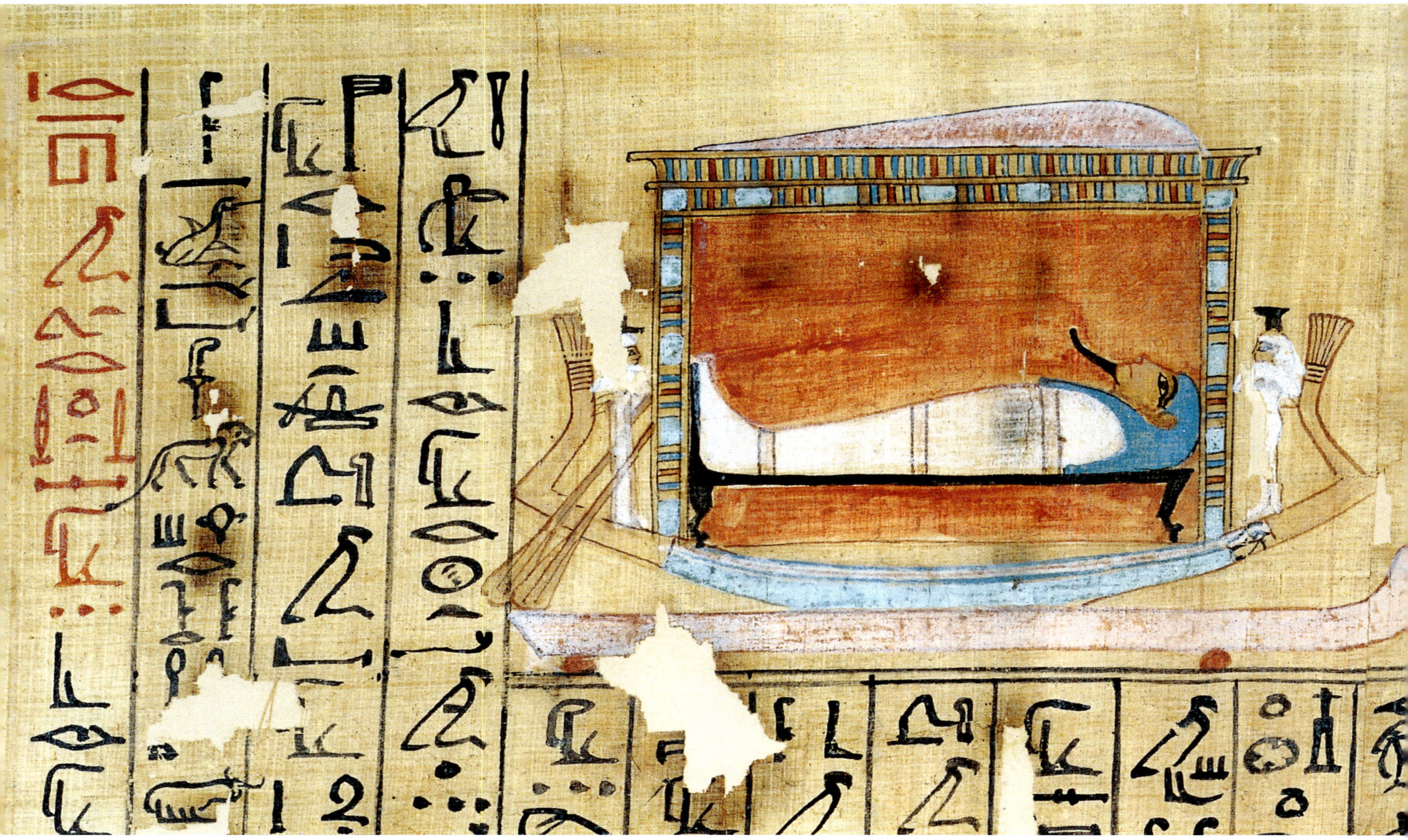

Im Grab der Könige bestattet zu werden, in der Nähe so vieler berühmter Pharaonen, war eine Ehre, die nur wenigen zuteil wurde, Maiherperi, für den dieser Begräbnispapyrus geschrieben wurde, gehörte dazu. Unter den Grabbeigaben Maiherperis, der wahrscheinlich Mitglied einer königlichen Familie war, fand man dieses in Kursivschrift geschriebene, illustrierte Exemplar des Ägyptischen Totenbuches. Text und Bilder des symbolträchtigen Papyrus sollten dem Verstorbenen helfen, alle Gefahren zu überwinden, die ihn auf seiner Reise ins Jenseits aufhalten würden. Der Ausschnitt auf der vorhergehenden Doppelseite umfasst drei Illustrationen. Die erste zeigt Maiherperi,

dessen Name in Hieroglyphenschrift angegeben ist, mit dunkler Haut, was auf eine Herkunft aus Nubien hinweisen könnte. In der zweiten wird das Herz des Verstorbenen gewogen, ein Ritus, bei dem sich in Gegenwart des Totengottes Osiris seine Unschuld beweisen musste. Ganz rechts sieht man schließlich die Seele des Verstorbenen als Vogel mit Menschenkopf davonfliegen.

Oben erkennt man eine Station des Leichenzuges: Die Mumie Maiherperis, die unter einem Baldachin auf einer Barke liegt, wird von Menschen und Ochsen zum Grab gezogen.

Die Ägypter statteten die Mumie mit einer Begräbnismaske aus, die das Bild des Verstorbenen für die Ewigkeit bewahren sollte. Einige dieser Masken sind aus besonders kostbarem Material hergestellt, so die der Tuja, der Schwiegermutter Amenophis' III., die zusammen mit ihrem Gatten in einem Grab im Tal der Könige beigesetzt wurde. Die Maske zeigt das idealisiert lächelnde Antlitz dieser Frau aus dem 15. Jahrhundert vor unserer Zeit. Sie ist aus vergoldeter Kartonage, Edelsteinen und farbiger Glasmasse gefertigt, und auf der langen, gesträhnten Perücke sind noch Reste des schwarz gewordenen Mullstoffs zu erkennen, mit dem die Maske bedeckt war.
In Tujas Grab fand man auch ein wertvolles Schmuckkästchen aus mit Gold belegtem Holz, Ebenholz, Elfenbein und Fayence (vorhergehende Doppelseite). Die Hieroglypheninschrift an seiner Außenseite nennt die Namen von Amenophis III. und seiner Gattin Teje, Tujas Tochter, für die das Kästchen angefertigt worden war.

Das Grab des Pharaos Tutanchamun aus dem Ende der XVIII. Dynastie, das 1922 ganz unerwartet unversehrt entdeckt wurde, barg eine außergewöhnliche Menge an wertvollen Objekten der Goldschmiede- und Handwerkskunst aus den königlichen Werkstätten. Die in den Grabkammern aufgehäuften Beigaben umfassen 3500 Einzelstücke, die die Pracht und Eleganz des Pharaonenhofs bezeugen. Dies gilt besonders für den Schmuck Tutanchamuns, der zu den schönsten Arbeiten der ägyptischen Goldschmiedekunst zählt. Bis heute haben die kunstvolle Verarbeitung, die leuchtenden Farben und die symbolbeladenen Dekore nichts von ihrer Faszination verloren. Dieser Halsschmuck in Form eines geflügelten Skarabäus (rechts) befand sich mit anderem Schmuck in einem Schrein in einer der Grabkammern. Der Skarabäus, Symbol für die Wiedergeburt und Emblem des Sonnengottes Khepri, wird von zwei großen Flügeln eingefasst und hält zwischen den Vorderbeinen eine Sonnenscheibe. Die Elemente des Halsschmucks bilden (ohne die Flügel) zusammen die Hieroglyphen eines der Königsnamen des Pharaos: *Nebkheperura.*

Zwischen den Bandagen der Mumie Tutanchamuns steckten Schmuckgegenstände und Amulette, darunter auch diese kleinen magischen Figuren, die den jungen König im Jenseits beschützen sollten. Sie wurden während der Bandagierung, der letzten Etappe der komplexen Einbalsamierungsriten, auf den Leichnam gelegt. Nachdem man dem Körper die inneren Organe entnommen hatte, wurde diesem in einer langwierigen Prozedur durch die Bestreuung mit Natron die Feuchtigkeit entzogen, anschließend schritt man zur kosmetischen Behandlung der Leiche. Erst nach dem Vollzug dieser von Priestern überwachten heiligen Handlungen konnte der Leichnam mit dünnen Leinenbandagen umwickelt werden. Zu diesem Zeitpunkt, der gewöhnlich einen Monat nach dem Tod des Verstorbenen erreicht war, steckte man die schützenden Amulette zwischen die Bandagen. Die drei hier abgebildeten kleinen Figuren stellen die drei Götter Thot, mit dem Kopf eines Ibis, Anubis, mit dem eines Schakals, und den falkenköpfigen Horus dar.

Eines der schönsten Stücke der wahrhaft königlichen Grabausstattung des Tutanchamun ist sein meisterhaft gearbeiteter, mit Gold, Silber, Edelsteinen und Glasfluss verzierter Thron. Die Rückenlehne schmückt eine Darstellung des Königspaars unter der Leben spendenden Sonnenscheibe des Gottes Aton. Die Anwesenheit dieser von dem häretischen Pharao Echnaton, dem Vorgänger Tutanchamuns auf dem Pharaonenthron, zum alleinigen Gott erhobenen Wesenheit ist ein Indiz dafür, dass der Thron in den ersten Jahren der Regierung des jungen Königs angefertigt wurde, als dieser der neuen Religion noch nicht abgeschworen hatte. Die sehr persönliche Szene zeigt, wie die junge Frau dem sitzenden König die Schulter salbt. Neben ihr erkennt man auf einem Tisch den Kranz eines großen Halskragens. Das Königspaar trägt auf dunkler Haut und zu blauen Perücken plissierte Gewänder und reichen Schmuck.

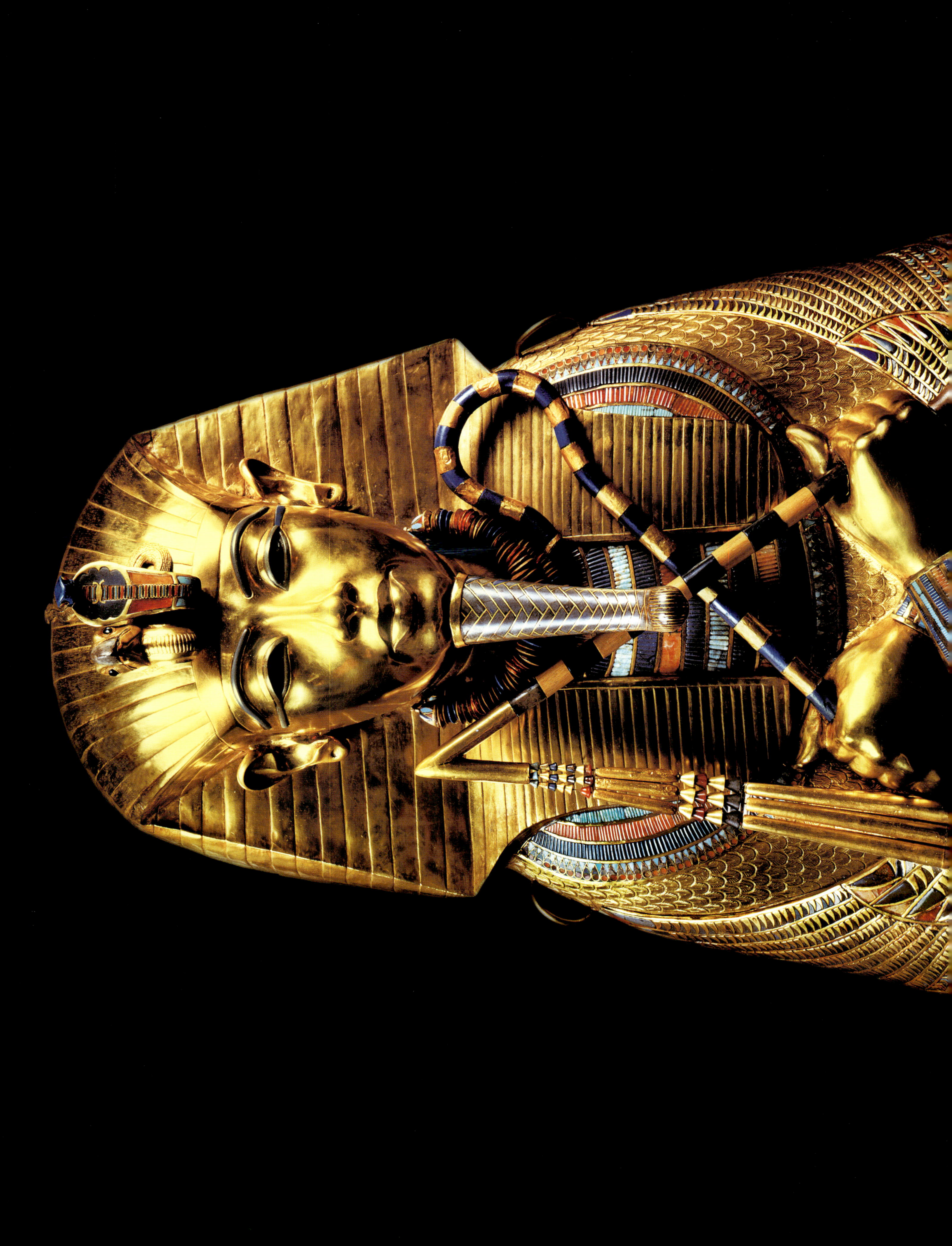

Auch wenn Tutanchamun dank der spektakulären Entdeckung seines Grabes durch Howard Carter im Jahr 1922 weltweite Bekanntheit erlangte, spielte er in der Geschichte Ägyptens keine nennenswerte Rolle, schon weil er als noch ganz junger Mann unter mysteriösen Umständen ums Leben kam. Überreich ist jedoch die Grabausstattung, die unversehrt in seinem kleinen Grab im Tal der Könige gefunden wurde und die neben edlem Mobiliar, wertvollem Schmuck, Statuen und Gefäßen vor allem auch mehrere Sarkophage umfasst, die ursprünglich einer im andern verschachtelt die Mumie des Königs umschlossen. Der innerste dieser Särge ist ein wahres Meisterwerk aus purem Gold, geschmückt mit Edelsteinen und farbiger Glasmasse. Der Deckel gibt die Figur des Pharao mit den Insignien seiner Macht wieder, dem *Nemes*-Kopftuch mit Uräus-Emblem, dem Zeremonialbart am Kinn und mit Szepter und Geißel in den Händen. Die gesamte Oberfläche des Sarkophags zeigt in feiner Ziselierung weit gespannte Flügel und Federn, die ihn vollständig einhüllen.

Diese Detailaufnahme aus der Grabkammer Tutanchamuns, dessen Grab, seiner Bekanntheit und der Pracht seiner Ausstattung zum Trotz, eines der bescheideneren im Tal der Könige ist, zeigt ein Wandbild mit einer Illustration zum Text des heiligen Buches Admuat, die mehrere Register mit Pavianen wiedergibt. An den übrigen Wänden der Grabkammer ist Tutanchamun selbst in Gegenwart verschiedener Gottheiten dargestellt.

Die Pracht des Königsthrons des Tutanchamun erschöpft sich nicht in der Verwendung von vergoldetem Holz und anderen wertvollen Materialien. Sie wird noch gesteigert durch den Einsatz reicher Ornamentik: Als Armlehnen umfangen den Thron zwei geflügelte Schlangen, die eine Kartusche mit dem Namen des Pharaos tragen. Der Sitz ruht auf vier Beinen, die denen von Löwen nachempfunden sind, und an seiner Front prangen zwei Löwenhäupter.

Zum Schmuck des jungen Pharaos gehörten auch mehrere Armreife aus Gold und Hartstein (oben), die bis in die kleinsten Details der Oberfläche mit Goldapplikationen geschmückt sind. Nicht nur die sichtbare obere, auch die dem Betrachter verborgene Innenseite wurde aufs Sorgfältigste bearbeitet.

Dieses kunstvolle Diadem (links) aus Gold, Halbedelsteinen und Glasguss aus dem Grabschatz Tutanchamuns setzt sich aus einem geometrisch ornamentierten Reifen und den zwei Häuptern eines Geiers und einer Kobra zusammen, deren Körper sich über den Kopf des Trägers schlängelt, wobei diese Tiere symbolisch für die beiden Reichshälften von Ober- und Unterägypten stehen. Weitere Schmuckelemente aus Gold hängen von der Rückseite des Diadems herab. Der Kronreif war um den Kopf des jungen Monarchen gelegt, als man ihn fand, während die beiden Embleme von dessen Vorderseite gelöst und um die Beine des Leichnams geschlungen waren.

In Tutanchamuns Grab wurden auch Hunderte *Uschebti*-Statuetten gefunden – so bezeichnet man die kleinen Figuren, die dem Verstorbenen als Helfer für das Jenseits mitgegeben wurden, denn die Ägypter glaubten, dass man dort würde Feldarbeit verrichten müssen. Diese konnte dann an die Miniatur-Diener delegiert werden, die zu diesem Zweck oft mit Ackergerät ausgestattet sind. In den Königsgräbern nehmen die *Uschebti* die Gestalt des Pharaos an, wie diese beiden Exemplare. Sie sind aus Holz geschnitzt und vergoldet und zeigen den Herrscher mit roter Krone und den üblichen Attributen seiner Macht, Szepter und Geißel, auf der Stirn einen Uräus und, wie bei der Figur rechts, ein Geierhaupt.

Diese beiden Zeremonialschilde aus dem Grab Tutanchamuns hatten rein symbolische Funktion. Aus durchbrochenem, vergoldetem Holz gearbeitet, stellen sie den siegreichen König dar, der als Sphinx zwei überwundene dunkelhäutige Feinde zu Boden tritt (oben) bzw. in menschlicher Gestalt zwei Löwen, die symbolisch für die Feinde Ägyptens stehen, mit dem Schwert erschlägt. Die Szene wird ergänzt von Götterfiguren in Tiergestalt und Hieroglyphentafeln mit dem Namen Tutanchamuns.

Zwischen den Stoffstreifen der Mumie Tutanchamuns fand sich diese Halskette mit dem Augenemblem *Udjat* an einer dreifachen Schnur von Perlen aus Gold und Fayence (oben). Das Amulett vereinigt mehrere magische Symbole in sich. Dem Auge wurde die Kraft zugeschrieben, alles Übel von seinem Träger abzuwenden, die beiden Figuren eines Geiers und einer Schlange symbolisieren die Schutzgottheiten von Unter- und Oberägypten.

In der Bandagierung steckten auch diese beiden Dolche mit Klingen aus Gold (rechts) und aus Eisen (links), einem Metall, das in Ägypten sehr selten war. Ihre Griffe sind mit kunstvollen geometrischen Mustern oder Blütenmotiven, Edelsteinen und farbigem Glasfluss verziert, die goldenen Dolchscheiden sind mit verschiedenen eingelegten oder getriebenen Motiven geschmückt, unter anderem mit der lebensnahen Darstellung von einander anfallenden Tieren (ganz rechts).

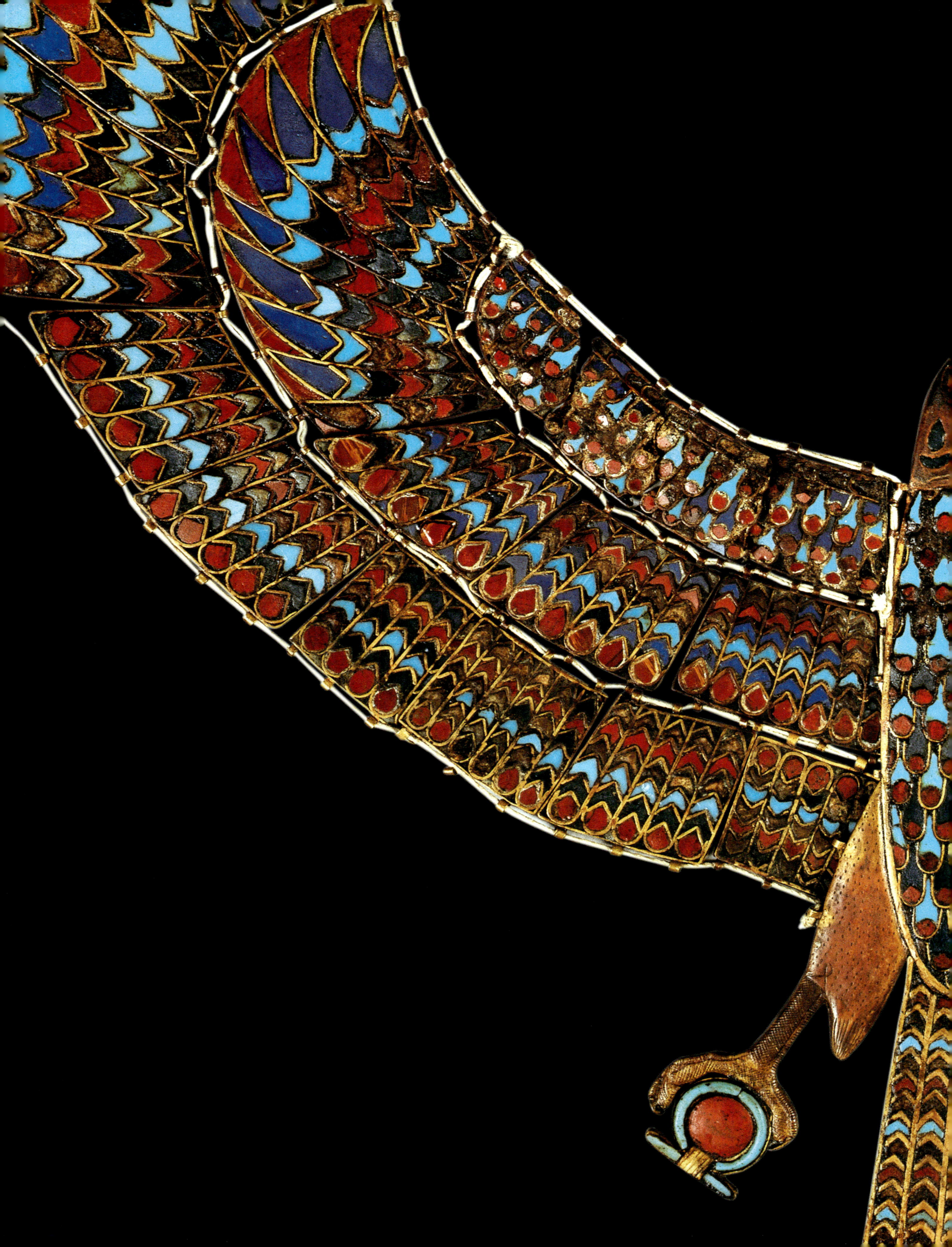

Zu Tutanchamuns Grabbeigaben gehört auch Halsschmuck in den verschiedensten Formen und oft in erstaunlich technischer Vollendung. Die vorhergehende Doppelseite zeigt einen Falken mit ausgebreiteten Flügeln, der zwei *Schen*-Ringe, Symbole der umfassenden Ganzheit, in den Krallen hält. Er ist in einer Technik gearbeitet, bei der Einlagen aus Halbedelsteinen und Glasfluss von goldenen Stegen eingefasst werden, die die Ägypter meisterhaft beherrschten. Der Falke steht für den Gott Horus, dessen irdische Erscheinung der Pharao war.

Als Verkörperung und Symbol von Gottheiten galten den Ägyptern verschiedene Tiere. Auf dieser Seite sieht man den göttlichen Falken Gemehsu. Die Figur aus mit Blattgold belegtem Holz und Einlagen aus farbigem Glasfluss saß auf der Spitze einer Standarte, die in einer Truhe im Grab des Tutanchamun lag.
Ein anderes Tier mit religiösem Symbolwert war der Schakal, Verkörperung des Gottes Anubis, der über die Riten der Einbalsamierung und die Gräberfelder wachte. Dieses Exemplar aus mit Teer überzogenem Holz (rechts) krönt einen Schrein, in dem Schmuck und Gefäße ruhten, die das wachsam die Ohren aufrichtende Wüstentier vor Dieben beschützen sollte.

Die so genannten Kanopenkrüge, die die im Verlauf der Einbalsamierung der Leiche entnommenen inneren Organe enthielten, wurden in Tutanchamuns Grab von einem besonderen Ensemble geschützt. Die Alabastergefäße standen in einem Aufbau aus vergoldetem Holz, der aus einem Baldachin und einem darunter stehenden Schrein besteht. Die vier Wände des Schreins wurden jeweils von der Figur einer mit eng anliegenden Gewändern bekleideten Göttin beschirmt.

In Tutanchamuns Grab wurden nicht weniger als sieben Bettgestelle gefunden, von denen drei ausschließlich dem Vollzug der Begräbnisriten dienten. Bei dem Exemplar, von dem rechts ein Detail zu sehen ist, sind die Seitenteile dem Körper einer Kuh nachempfunden, auf deren Füßen das Bett steht. Das aus vergoldetem Holz gefertigte Tier symbolisiert eine der Urgottheiten. Das Fell dieser Himmelsgottheit ist mit schwarzen Flecken übersät, die für die nächtlichen Sterne stehen. Zwischen ihren Hörnern, in denen das Bettgestell ausläuft, trägt die Figur eine Sonnenscheibe.

ESNA

EDFU

KOM OMBO

Der dem Gott Khnum geweihte Tempel von Esna aus griechisch-römischer Zeit ist einer der letzten Kultbauten des alten Ägypten. Im Süden von Theben unweit des Nilufers, mit dem er durch eine Prozessionsstraße verbunden war, erbaut, steht er heute inmitten der modernen Siedlung. Auf den vorangehenden Seiten sieht man die hohen Säulen und geschmückten Kapitelle, die die große Halle des Tempels tragen.

Noch ein Stück weiter südlich als Esna liegt Edfu. Der dort befindliche Tempel des Horus aus griechisch-römischer Zeit ist der am besten und vollständigsten erhaltene von ganz Ägypten. In einem von Säulengängen eingefassten inneren Hof, direkt neben dem Eingang zur großen Säulenhalle des Heiligtums, steht diese Statue des Gottes Horus in Gestalt eines Falken. Er trägt die königliche Doppelkrone von Ober- und Unterägypten.

In Kom Ombo, einer Ortschaft nördlich von Assuan, steht ein weiterer Tempel aus griechisch-römischer Zeit, der dem Kult zweier Gottheiten gewidmet war: dem des Krokodilgottes Sobek und dem des als Heilgott verehrten Haroëris. Der elegante Tempelbau, der von Herrschern aus der Ptolemäerdynastie gestiftet wurde, liegt in der Nähe des Nilufers, seine Wände sind mit den üblichen religiösen Szenen geschmückt. Die Anlage folgt einer strengen Symmetrie, die die Tempel der beiden Götter einander spiegelbildlich gegenüberstellt. Der Kult des Gottes Sobek schloss die Aufzucht von Krokodilen in eigenen Becken ein, die nach ihrem Tod einbalsamiert und im Tempel aufbewahrt wurden. Die vorangehenden Seiten zeigen die Wanddekoraktion und die Abfolge der Tore des Tempels.

SEHEL

PHILAE

BET AL WALI

Auf einem Felsen der Insel Sehel nahe Assuan hat sich eine in den Stein gehauene Inschrift aus der Regierungszeit Ptolemäus' V. (204–180 v. Chr.) erhalten. Die Besonderheit dieses Denkmals besteht darin, dass der Griechenkönig mit ihr eine historische Fälschung in Auftrag gegeben hat, denn der Text der Tafel berichtet von den Taten des Pharaos Zoser und nennt diesen berühmten Herrscher, der zwei Jahrtausende früher regierte als Urheber der Inschrift. Sie berichtet davon, dass Zoser eine Hungersnot beenden konnte – genau das hatte Ptolemäus auch getan – indem er die Hilfe einer Gottheit anrief, die über das Nilhochwasser gebot. Das Relief zeigt den Pharao beim Opfer an eine Göttertrias.

Auf der Nilinsel Philae bei Assuan erhob sich bis vor einigen Jahrzehnten ein großes Heiligtum der Göttin Isis. Nach dem Bau des großen Staudammes von Assuan versank diese Insel in den Fluten, nicht aber ihre Baudenkmäler, die zuvor auf die benachbarte Insel Agilkia gebracht worden waren, wo man sie originalgetreu wieder aufbaute. Der Tempelkomplex umfasst zahlreiche Bauten vor allem aus griechisch-römischer Zeit, als wichtigsten den Isis-Tempel mit den Torbauten der Pylonen, von Säulengängen gesäumten Höfen (vorhergehende Doppelseite) und den Innenräumen, die mit Reliefs geschmückt sind, die Könige und Gottheiten darstellen (links).

Man betritt den Isis-Tempel von Philae durch einen großen Pylon aus ptolemäischer Zeit. Der Torbau wird von zwei Brückentürmen mit großfigurigen Reliefs gebildet, auf denen eine Gruppe von Göttern dem Pharao bei der Erschlagung der Feinde zur Seite steht. Das mittlere Tor, das von einer Hohlkehle bekrönt wird, führt in einen Hof, an dessen Ende sich ein weiterer Pylon erhebt. Der Säulengang, den man links sieht, säumt einen weiten Vorhof, den Ptolemäus IX. zur Aufnahme der Pilger errichten ließ, die zu dem Heiligtum strömten. Im 6. Jahrhundert ließ der christliche Kaiser Justinian den Kult verbieten und die Tempel in Kirchen verwandeln. Die Inbesitznahme der Tempelanlage durch die christliche Religion ist an einigen koptischen Kreuzen ablesbar, die von den Anhängern des neuen Kultus neben den Bildern der alten Götter in den Stein gehauen wurden (S. 216).

Die vorhergehende Doppelseite bietet eine Gesamtansicht des zweiten Eingangspylons des Tempels der Isis in Philae. Die Wände sind mit großen Standfiguren geschmückt, die verschiedene Gottheiten und (rechts außen) den Pharao darstellen, der ihnen Verehrung zollt. Der auf der linken Seite sichtbare Säulengang gehört zu einem für die Tempel der griechisch-römischen Zeit typischen Gebäude, das als *Mammisi,* als Haus der Geburt, bezeichnet wird und der Begehung der Geburtsfeste von Göttersöhnen gewidmet war, wie in diesem Falle desjenigen des Horus, Sohn von Isis und Osiris. Die Innenräume des *Mammisi* sind mit Szenen geschmückt, die Isis zeigen, wie sie in den Sümpfen des Nildeltas den Horusknaben stillt. Die Säulen der Vorhalle werden von Reliefs bedeckt, von denen eines den Pharao mit einer reich geschmückten Krone zeigt (links).

In Ufernähe östlich des Isis-Tempels von Philae errichtete der römische Kaiser Trajan einen eleganten Pavillon (rechts). Der Bau erhebt sich auf einem rechteckigen Grundriss und besitzt ausgewogene regelmäßige Proportionen. Die von formenreichen Kapitellen bekrönten Säulenschäfte sind im unteren Teil durch Mauern verbunden, die den Innenraum abschirmen. Der Pavillon, der ursprünglich wohl von einer heute verlorenen Holzkonstruktion überspannt wurde, besitzt auch eine eigene Anlegestelle für die Boote, die an den Schiffsprozessionen zu Ehren der Göttin Isis teilnahmen. Der Bau bezeugt die Beachtung, die die römischen Kaiser dem Kultkomplex von Philae schenkten, der als letzter der Verehrung der alten Götter geweihter Ort bis in christliche Zeit bestand.

Der nicht sehr große Felsentempel von Bet al Wali wurde in den 1960er Jahren auf die Insel Kalabsha versetzt, um ihn der drohenden Überflutung durch den Bau des Assuanstaudamms zu entziehen. Ramses II. hatte im Zusammenhang seiner Bautätigkeit in den nubischen Gebieten im äußersten Süden des Landes auch diese kleine Kultstätte in den Fels graben lassen. An ihren Wänden haben sich außergewöhnliche farbige Reliefs erhalten (S. 228–229), die den Siegen des Pharaos gewidmet sind und ihn beim Opfer an die Götter zeigen. Einige dieser Gottheiten waren auch als Nischenstatuen dargestellt. In christlicher Zeit fielen zahlreiche dieser Reliefs der Zerstörungswut der Anhänger der neuen Religion zum Opfer.

ABU SIMBEL

Der Tempel von Abu Simbel im antiken Nubien, nahe der heutigen Grenze zum Sudan, ist eines der beeindruckendsten und faszinierendsten Bauprojekte, die Ramses II. (XIX. Dynastie) unternommen hat (S. 232–234). Schon kurz nach 1800 entdeckt, gelang es erst Giovanni Battista Belzoni, die riesigen Sandmassen, die den Zugang versperrten, zu beseitigen und in das Innere des Tempels vorzudringen. Zusammen mit einigen anderen Bauwerken, die flussaufwärts von Assuan lagen, wurde auch der Tempel von Abu Simbel in den 60er Jahren des 20. Jahrhunderts zerlegt und in einer höher gelegenen Uferzone wieder aufgebaut, um zu verhindern, dass er in den Fluten des Nasser-Sees versank, der durch die Aufstauung des Nils entstanden war. Der überwältigende Eindruck, der von dieser in den Fels getriebenen Anlage ausgeht, wird noch gesteigert durch die Wüstenkulisse, in der sie heute über dem See thront.
Die Tempelfassade wird von vier monumentalen Statuen von fast 20 Metern Höhe beherrscht, die den thronenden Pharao darstellen. Zu ihren Füßen stehen Bildnisse der Gattin, der Mutter und der Söhne des Königs. Das Innere des Tempels wird von zwei hintereinander angeordneten, von Säulen gesäumten Sälen gebildet, an die sich das Allerheiligste anschließt. An der Nordwand des ersten Saales prangt das berühmte Relief der Schlacht von Qadesch, das den Pharao auf einem von Pferden gezogenen Streitwagen zeigt, wie er sich den hethitischen Feinden entgegenwirft. An der Stirnwand des Allerheiligsten stehen Statuen von vier Gottheiten, unter ihnen auch der zum Gott erhobene Ramses selbst.

MUGNAINI
LECAROS
1875

Die vier Monumentalstatuen der Tempelfassade von Abu Simbel stellen den Pharao Ramses II. gemäß dem überlieferten Kanon der ägyptischen Kunst und mit den üblichen Attributen seiner herrscherlichen Macht dar, mit Zeremonialbart und *Nemes,* den Uräus auf der Stirn und der Doppelkrone von Ober- und Unterägypten auf dem Haupt (S. 236). Wenn die Ägypter solch beeindruckende Statuen ihres Herrschers in einem Grenzgebiet des Reiches in den Berg treiben ließen, sollte dies ein Machtbeweis der königlichen Autorität auch über die weit von der Zentralgewalt entfernt lebenden Bewohner sein.
In einer Detailaufnahme sieht man neben dem Bein einer der Kolossalstatuen Ramses' II. zwei kleine Figuren, die Angehörige der königlichen Familie darstellen.
Die in den Stein gegrabenen Namenszüge verdanken sich der unter den abenteuerlustigen europäischen Ägyptenreisenden des 19. Jahrhunderts verbreiteten Sitte, sich auf den Monumenten des Landes für jeden sichtbar zu verewigen.
Zu Füßen der Königsstatuen sind in Relieftechnik Bilder von gefangenen Afrikanern und Asiaten angebracht, die stellvertretend für alle Feinde Ägyptens stehen, die der Pharao unterworfen hat (links).

Auf den Willen Ramses' II. geht auch ein zweiter Felsentempel in Abu Simbel zurück, den er für seine geliebte Gattin, die schöne Nefertari, und für die Göttin Hathor errichten ließ. Der Bau, der etwas kleiner und weniger monumental ist als der Tempel des Pharaos, befindet sich weiter nördlich. Von seiner Fassade blicken sechs circa zehn Meter hohe Standbilder des Königs und der Königin herab, zu deren Füßen Mitglieder ihrer Familie dargestellt sind (S. 240–241). Im Inneren besteht die Anlage aus nur einer Säulenhalle, deren sechs Stützen an der dem Mittelschiff zugewandten Seite mit dem Haupt der Göttin Hathor geschmückt sind, deren Kuhohren unter der massigen Perücke hervorlugen (S. 242–243). Hinter diesem Saal liegt ein kleine Kapelle, das Allerheiligste des Tempels. Ihre Wände sind mit Malereien geschmückt, die das Königspaar in Gegenwart verschiedener Gottheiten zeigen (rechts).

TANIS

ALEXANDRIA

Die Ausgrabungsstätte von Tanis im Nildelta hat eine Reihe von Gräbern freigegeben, in denen Könige der XXI. und XXII. Dynastie beigesetzt waren. Am Ende der Ramessidenzeit wurde Tanis der Regierungssitz von Herrschern, die faktisch nur noch den nördlichen Teil des Landes unter ihrer Gewalt hatten, während der Süden vom Klerus des Amon-Tempels in Theben kontrolliert wurde. Das am reichsten bestückte Grab von Tanis war das Psusennes' I. (XXI. Dynastie). Als man die unterirdische Grabkammer unversehrt öffnete, fand man in ihr wertvolle und elegante Beigaben angehäuft. Die hier abgebildeten Gefäße werden als Kanopenkrüge bezeichnet und waren dazu bestimmt, die inneren Organe des Verstorbenen aufzunehmen, die man ihm im Verlauf der Einbalsamierung entnommen hatte. Die Kanopenkrüge aus Alabaster, in denen die Organe Psusennes' I. ruhen, unterscheiden sich durch ihre mit Blattgold verzierten Deckel in der Gestalt der Häupter eines Schakals, eines Menschen und eines Pavians (oben) bzw. der eines Falken (links), die jeweils einen der Söhne des Horus darstellen.

Die vorhergehende Doppelseite zeigt ein Goldplättchen von der Mumie Psusennes' I., dessen Zweck es war, die Wunde zu bedecken, die bei der Entnahme der inneren Organe in den Leib des Verstorbenen geschnitten wurde. Die Schriftzeichen, die Figuren und das *Udja*-Emblem haben magische Bedeutung.

Das Grab des Pharaos Psusennes I. barg Totengaben von außerordentlichem Wert, unter anderem einen Sarkophag aus Silber, goldene Zeremonialsandalen und Schmuck aus edlen Steinen und Metallen, die den Vergleich mit dem reichen Grabschatz des Tutanchamuns nicht zu scheuen brauchen. Bei ihrer Entdeckung war die Mumie des Pharaos mit schweren Goldketten geschmückt, minuziös gearbeiteten Meisterwerken der Goldschmiedekunst. Das Exemplar rechts besteht aus fünf Reihen goldener Perlen, die über der Brust auf eine mit Hieroglyphen bedeckte trapezförmige Platte zulaufen. An der unteren Kante der Platte sind sieben kleine Ringe befestigt, in die zusätzlich verschieden lange Goldketten eingehängt werden konnten, wie man dies auf den Wandbildern einiger Tempel sieht.

Die XXVI. Dynastie, aus der dieses Grab stammt, bedeutete für die Oase Baharia, in der es entdeckt wurde, eine Blütezeit, in der sie sich zu einem wichtigen Zentrum entwickelte. Die Einwohner, die durch Handel und Ackerbau zu Wohlstand gelangt waren, ließen sich zahlreiche Gräber anlegen und ausstatten. Allerdings verraten die Wandbilder, obschon sie der ägyptischen Tradition folgen, immer wieder einen nicht sehr eleganten, provinziellen Geschmack. Eines dieser Gräber gehörte Bannantiu, einem wohlhabenden Kaufmann und Landbesitzer. Die Wände seiner unterirdischen Grabkammer zeigen verschiedene Gottheiten und Bannantiu, wie er vor den Totengott Osiris geführt wird. Auf der linken Seite der Wand (oben und S. 254) erscheint die nächtliche Sonnenbarke, die von drei Schakalen gezogen wird und auf der der Verstorbene ins Jenseits gelangt.

Die Wandmalereien im Grab des Bannantiu sind auf zwei der unterirdischen Räume beschränkt, den von vier massiven quadratischen Pfeilern getragenen Saal und die zur Aufnahme der sterblichen Überreste des Verstorbenen bestimmte Grabkammer. Die Wände waren zunächst mit einer Stuckschicht bedeckt worden, um ihre Oberfläche zu glätten, bevor man sie mit verschiedenen, sehr lebendig wirkenden Szenen ausmalte, die Bannantius Einbalsamierung und seine Reise in die Unterwelt zum Thema haben. Sie werden von göttlichen Mischwesen und Gottheiten in Menschengestalt bevölkert, die aber auch von Standarten vertreten werden können, auf deren Spitze ihr Emblem thront. Isis und Nefti, Schwestern des Osiris und Beschützerinnen der Toten, erscheinen auf der rechten Seite der Wand als geflügelte Schutzgottheiten und nehmen links unter einem Gestell, über dem eine geflügelte Sonnenscheibe schwebt, an der vom Gott Anubis durchgeführten Einbalsamierung Bannantius teil. Die beiden Gestalten, die an der Totenbahre stehen, unter der man die Kanopenkrüge erkennt, heben zum Zeichen der Trauer einen Arm in die Höhe. Ihre Geste hat nichts Göttlich-Entrücktes mehr an sich, vielmehr scheint sie die beiden Göttinnen dem unausweichlichen Schicksal des Menschen anzunähern. Etwas Ähnliches war mit dem Gott Osiris geschehen, dessen Tod und Wiedergeburt allen Ägyptern die Möglichkeit zu einem Fortleben nach dem Tode eröffnet hatte.

Die Bildhauerkunst der griechisch-römischen Zeit hat in Ägypten verschiedene Typologien hervorgebracht, die von der großen kosmopolitischen Vielfalt dieser Epoche zeugen. Neben Werken in eindeutig hellenistischer oder römischer Machart stehen andere, die weiter den einheimischen Traditionen folgen, diese jedoch in neue, eklektische Formen kleiden. Zur ersten Gruppe gehört dieser Marmorkopf des Königs Ptolemäus VI., der in der ersten Hälfte des 2. Jahrhunderts v. Chr. über Ägypten herrschte. Der Kopf stammt wahrscheinlich aus Alexandria und gehörte zu einer Statue.

Ein besonders interessantes und originelles Stück ist dieser lebensgroße Kopf aus Diorit, der König Ptolemäus VIII. darstellt, der im 3. Jahrhundert v. Chr. lebte. Er trägt die Doppelkrone der Pharaonen als Symbol für die Herrschaft über ganz Ägypten, auf deren Vorderseite die Uräusschlange des königlichen Kopfschmucks zu sehen ist, deren Körper sich bis hinauf in die Krone schlängelt. Das aufgedunsene Gesicht soll das Aussehen des Königs naturgetreu wiedergeben, was der ägyptischen Gepflogenheit, den Herrscher idealisiert darzustellen, deutlich zuwiderläuft.

Diese Marmorbüste aus den Vatikanischen Museen (oben) wurde in einer römischen Villa gefunden. Sie stellt die berühmte Königin Kleopatra VII. dar, die als letzte Vertreterin der Ptolemäerdynastie über Ägypten herrschte: eine starke Frauengestalt, von der eine unwiderstehliche Anziehung ausging. Ihr tragisches Schicksal, in dem Liebe und Tod sich mit dem Untergang der griechischen Herrschaft über Ägypten und seiner Unterwerfung unter die Macht Roms verbanden, hat sie unsterblich gemacht. Die Marmorbüste mit hochgestecktem Haar (oben), in dem ein Diadem thronte, gehörte zu einer Statue mit einem in kunstvolle Falten gelegten Gewand.

Der Kalksteinkopf auf der linken Seite, der Kleopatra I. oder II. darstellt, gehörte zu einer Statue im Mischstil, bei der typische Elemente der ägyptischen Tradition in ein Werk griechisch geprägter Kunst eingehen. Die Gesichtszüge und die Frisur der Königin lassen den hellenistischen Einfluss erkennen, während ein Uräus auf ihrer Stirn und die Schlangenkrone auf ihrem Haupt als Symbole der königlichen Macht der ägyptischen Kunst entstammen.

Noch ganz in den Kategorien der ägyptischen Kunst bewegt sich dieser Kopf aus Granit einer unbekannten Königin der späten Ptolemäerzeit. Auf der Stirn sind noch Spuren des Uräus-Emblems zu erkennen, und die dreiteilige Perücke ist ebenfalls ägyptischen Ursprungs. Diese autochthonen Elemente sind jedoch in einer Handschrift gestaltet, die einen hellenistischen Einfluss nicht verleugnen kann. Einer neueren These zufolge könnte es sich bei der Dargestellten um eine Ptolemäerin handeln, die kurz vor der berühmten Kleopatra VII. gelebt hat, wenn nicht sogar um diese selbst als junge Frau.

In der St. Petersburger Eremitage wird diese wunderbare Statue aus schwarzem Basalt aufbewahrt, die eines der stilvollsten Werke der ptolemäischen Bildhauerkunst repräsentiert. Dargestellt ist eine Herrscherin, sehr wahrscheinlich Kleopatra VII., deren Körperformen von einem eng anliegenden Gewand betont werden. Die Skulptur lässt noch den Einfluss der ägyptischen Kunst spüren, so in der Widergabe der dreigeteilten Perücke oder in der Verwendung der königlichen Uräus-Embleme an der Stirn der Figur. Der griechischen Bildwelt hingegen ist das Füllhorn entlehnt, das die Königin in der Linken hält. Ohrringe, eine Krone und die eingelegten Augen verliehen der Figur im Originalzustand eine besondere Lebendigkeit, sind jedoch nicht erhalten.

In einem Wüstengebiet südwestlich von Alexandria, unweit der modernen Ortschaft Abu Mina, befinden sich die Ruinen einer spätantiken Klosteranlage, die in den ersten Jahrhunderten nach Christus Ziel vieler Pilger war. Das Kloster war dem heiligen Menas geweiht, einem Soldaten aus Westafrika, der wegen seines christlichen Glaubens in Kleinasien gefoltert und enthauptet worden war. Der Legende nach gelangten um das Jahr 360 seine Reliquien auf wunderbare Weise an diesen Ort und man errichtete über seinem Grab in der Krypta (links) eine ihm geweihte Kirche. Seine Blüte erlebte das Kloster zwischen dem 5. und 6. Jahrhundert, doch wurde es auch in arabischer Zeit, im 10. Jahrhundert, noch von Pilgern aufgesucht. Der heilige Menas genoss wegen seiner Wunder und seiner Heilkräfte große Verehrung und die Wallfahrer kamen, um das »Sankt-Menas-Wasser« zu trinken und in Fläschchen zu füllen, die man zu Tausenden bei Ausgrabungen in der Umgebung gefunden hat.

DIE OASE VON BAHARIA

Diese *Uschebti*-Figuren, die vor kurzem in der Grabkammer des Gouverneurs der Oase Baharia entdeckt wurden, stammen aus der XXVI. Dynastie, der so genannten Saïtenzeit, in der Ägypten für einige Jahrzehnte die politische Unabhängigkeit wiedererlangte. Den Königen dieser Dynastie gelang es, das Land aus der Gewalt der aus Nubien stammenden »Schwarzen Pharaonen« zu befreien, bevor es dann in die Hände anderer Fremdherrscher, der Perser, fiel. Auf dem Feld der Kunst hat die XXVI. Dynastie große,

an archaischen Formen orientierte Werke hervorgebracht. Von der Tradition inspiriert sind auch diese *Uschebti,* die mit Hacke und Saatbeutel ausgerüstet sind, den klassischen Attributen, die auf ihre Funktion als Feldarbeiter hinweisen. Da man sich das Jenseits als die Fortsetzung des irdischen bäuerlichen Lebens vorstellte, hatten sie die Aufgabe, für ihren Herrn dort die Arbeiten von Aussaat und Bewässerung zu erledigen.

Einer der spektakulärsten Funde der letzten Jahre gelang den Archäologen 1999 in einem Wüstengebiet südwestlich von Kairo, wo mehrere ungeöffnete Gräber des ersten und zweiten nachchristlichen Jahrhunderts entdeckt wurden, in denen Dutzende von Mumien mit blattgoldbelegten Grabmasken und Halsschmuck ruhten. Die Mumien, die die sterblichen Überreste von Kaufleuten aus der Oase Baharia enthielten, die unter römischer Herrschaft lebten, lagen noch genau so da, wie zum Zeitpunkt ihrer Beisetzung. Auch die Angehörigen dieser wohlhabenden Verstorbenen sind in den reich dekorierten Gräbern beigesetzt. Die Ausstattung zeigt deutliche Spuren der Verschmelzung von traditionellen ägyptischen Elementen mit Einflüssen von außerhalb, so auch diese Holzverblendung, die eine nach römischem Brauch gekleidete Figur mit einem krönenden Uräus-Fries und geflügelten Sonnenscheiben umrahmt.

Diese Mumie stammt aus dem Grab Nr. 54 der Oase von Baharia. Der Leichnam ist mit Leinenbinden umwickelt und einer aus teilweise vergoldeter Kartonage gefertigten Maske geschmückt. Die Stirn wird von einer Pflanzengirlande aus Stuck nach griechischem Muster bekränzt, in deren Mitte ein traditioneller ägyptischer Uräus prangt, der die hohe soziale Stellung des Verstorbenen anzeigt. Auf der Brust ist die Maske mit farbenfrohen Bildern ägyptischer Totengötter bemalt, im Zentrum Osiris, der Herrscher der Unterwelt.

Das Grab Nr. 54 barg auch diese Mumie einer Frau, die neben der auf der vorhergehenden Seite beschriebenen männlichen Mumie in einer Nische lag. Wahrscheinlich handelt es sich um ein Ehepaar, und das leicht zur Seite geneigte lächelnde Antlitz der Gattin erweckt den Anschein, als wolle es auf ewig den Mann zu ihrer Seite anblicken. Über den Brüsten der Frau sieht man, wie in der griechisch-römischen Zeit üblich, eine Reihe von Feldern mit Figuren von Schutz- und Totengöttern.

Auch die einbalsamierten Körper eines Mädchens und eines Jungen, wohl Bruder und Schwester, wurden im Grab Nr. 54 in Baharia gefunden. Das Mädchen trägt, wie es üblich war, auf Gesicht und Brust eine Maske aus vergoldeter Kartonage (S. 284). Das Gesicht wird von Locken umrahmt und zeigt den Anflug eines Lächelns, die großen Augen leuchten. Auch hier ist die Brust mit farbigen Götterfiguren und Uräus-Emblemen geschmückt. Die andere Mumie (S. 285) gehört einem Jungen im Alter von ungefähr fünf Jahren. Die Maske zeigt ein jugendliches Antlitz, unter einem Kranz kurzer schwarzer Haare und betonter Augenbrauen blickt ein Paar ernster großer Augen. Den Kopf bekränzt eine in Stuck gearbeitete Blüten- und Blättergirlande.

Auf diesem Bild sieht man das Innere von Grab Nr. 54. Eine der Mumien liegt noch immer in der Nische, in die man sie beim Begräbnis gebettet hatte. Da noch andere gut erhaltene Mumien in der von Plünderung verschonten Anlage gefunden wurden, handelte es sich offenbar um ein Gemeinschaftsgrab. Bis zu seiner Entdeckung war das Grab vollständig von Sand bedeckt, in dessen Schutz es die Jahrhunderte überdauert hatte.

Die Überraschung unter den ägyptischen Archäologen, denen dieser außerordentliche Fund gelang, war groß, als bei den Ausgrabungen eine Mumie nach der anderen zum Vorschein kam. Die goldenen Mumien von Baharia, die heute zum Großteil im dortigen Museum aufbewahrt werden, stellen ein einzigartiges Zeugnis dar, das Auskunft über ein Gemeinwesen im Ägypten der Römerzeit gibt.

Wie auf diesem Bild präsentierten sich die goldenen Mumien von Baharia ihren Entdeckern. Die weit geöffneten Augen und der durchdringende Blick besitzen eine Lebendigkeit, die für die Ewigkeit festgehalten werden sollte, um dem Verstorbenen die jenseitige Wiedergeburt zu sichern. Die mit Gold bedeckten Mumien gehören zur obersten Kategorie, aber in Baharia wurden auch weniger reich ausgestattete gefunden und noch scheint die Zeit der Entdeckungen in der Oase nicht zu Ende zu sein. Die ägyptischen Archäologen vermuten, dass noch Tausende weitere Mumien darauf warten, ans Tageslicht gebracht zu werden. Die Ausgrabungen werden sicher noch lange Zeit in Anspruch nehmen und vielleicht werden sie neue überraschende Funde zu Tage fördern, die unser Wissen über diese Grenzregion Ägyptens in römischer Zeit bereichern.

Einige der Mumien von Baharia trugen einfache Masken aus bemaltem Gips ohne Blattgoldapplikationen. Es lebten also Mitglieder verschiedener sozialer Schichten mit unterschiedlichen ökonomischen Möglichkeiten in der Oase. Gerade in ihrer Schlichtheit lassen diese Gipsmasken auf die Religiosität und Ehrfurcht ihrer Schöpfer schließen. Man hat fast den Eindruck, als wollten die großen Augen und die schmalen, leise lächelnden Münder noch nach Jahrhunderten dem Betrachter etwas mitteilen.

KARTE ÄGYPTENS

ZEITTAFEL

REGISTER

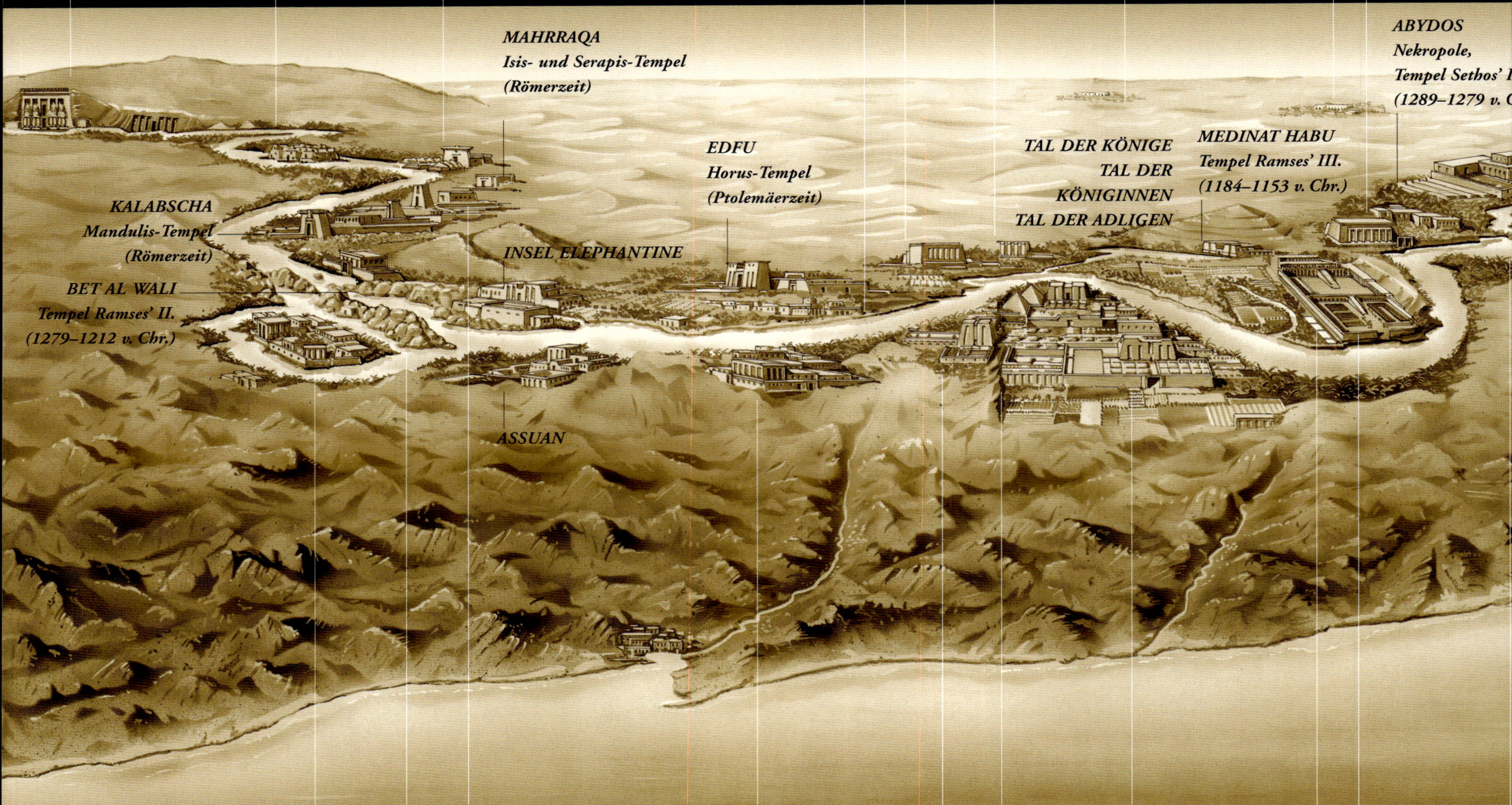

ZEITTAFEL

- *Prädynastische Zeit*
  (4000–3000 v. Chr.)
- *Frühdynastische Zeit*
  I.–III. Dynastie (3000–2575 v. Chr.)
- *Altes Reich*
  IV.–VI. Dynastie (2575–2152 v. Chr.)
- *Erste Zwischenzeit*
  VII.–XI. Dynastie (2152–1994 v. Chr.)
- *Mittleres Reich*
  XII. Dynastie (1994 –1781 v. Chr.)

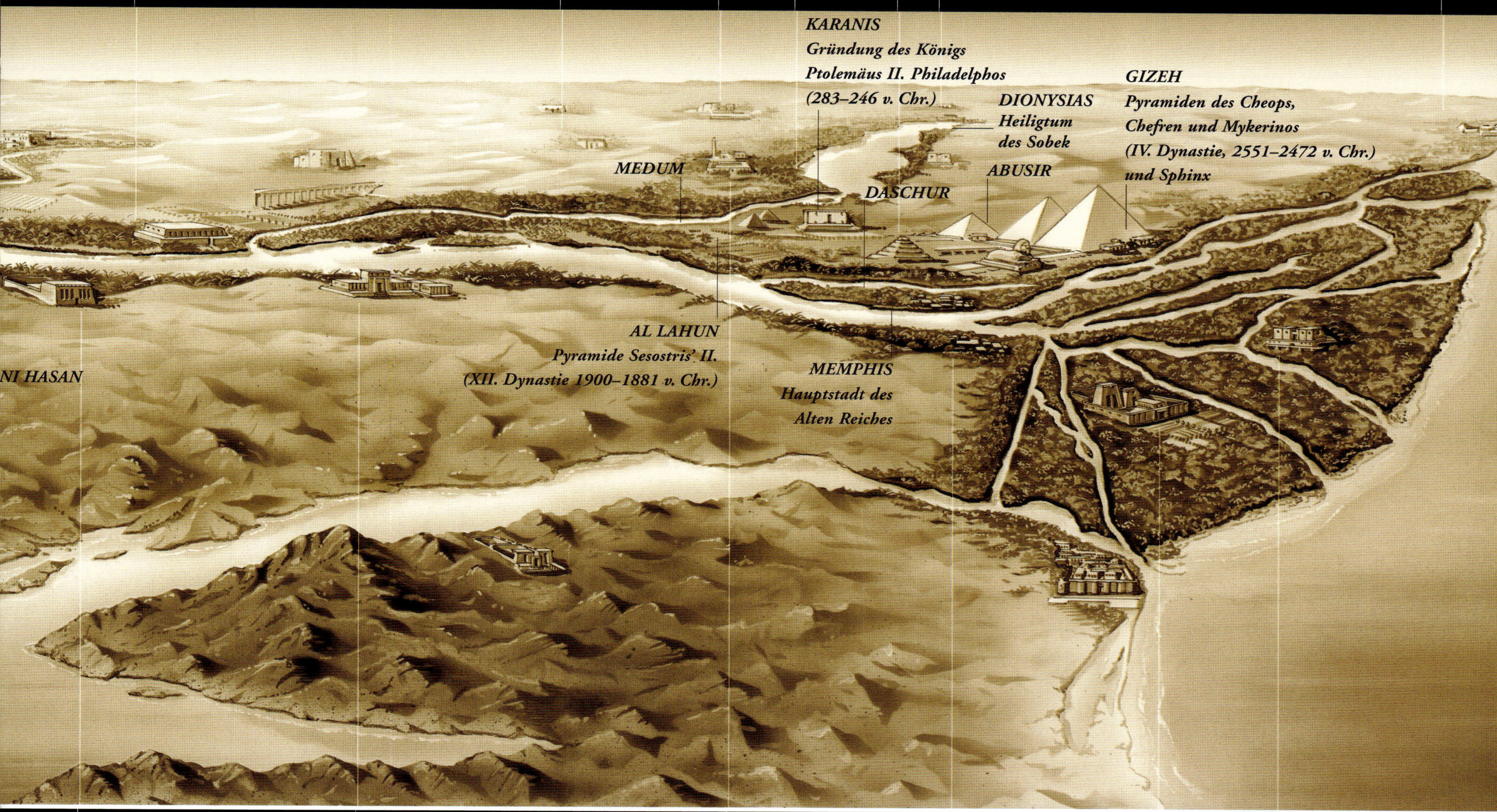

- *Zweite Zwischenzeit*
  XIII.–XVII. Dynastie (1781–1550 v. Chr.)
- *Neues Reich*
  XVIII.–XX. Dynastie (1550–1075 v. Chr.)
- *Dritte Zwischenzeit*
  XXI.–XXV. Dynastie (1075–664 v. Chr.)
- *Spätzeit*
  XXVI.–XXXI. Dynastie (664–332 v. Chr.)
- *Ptolemäerzeit*
  (332–30 v. Chr.)
- *Römerzeit*
  (30 v. Chr.–313 n. Chr.)

GLOSSAR

Ba und Ka
Aus diesen beiden spirituellen Elementen besteht jede Person und jede Gottheit. Das *Ba,* dargestellt als Vogel mit Menschenkopf, steht für die unsterbliche geistige Kraft, die nach dem Tod auch unabhängig vom Körper sich bewegen und handeln kann: eine Art Doppelgänger außerhalb des Körpers. Hingegen ist das *Ka* die Lebenskraft, die, um zu weiter bestehen zu können, auf eine körperliche Grundlage angewiesen ist, den mumifizierten Leichnam. Seine Ernährung wird durch die Speiseopfer sichergestellt, die für den Verstorbenen dargebracht werden.

Djed-Pfeiler
Das so benannte magische Zeichen sollte vermutlich an das Rückgrat des Gottes Osiris erinnern. Es galt als Sinnbild der Standhaftigkeit.

Fayence
Schmuckmaterial, das aus einem hauptsächlich aus Quarz zusammengesetzten Kern besteht, auf den vor dem Brennen eine farbige, zumeist blaue oder grüne Oberfläche aufgetragen wird. Diente Fayence zunächst dazu, Halbedelsteine wie Lapislazuli und Türkis zu imitieren, die man aus dem Ausland einführen musste, wurde sie später auch häufig eingesetzt, um Gefäße, *Uschebti,* Schmuck und Amulette daraus herzustellen oder sie für Einlegearbeiten zu verwenden.

Gau
Ägypten war in Provinzen aufgeteilt, die altägyptisch als sepat bezeichnet wurden, später, unter den Ptolemäern, mit dem griechischen Ausdruck *nomos,* dem das deutsche »Gau« entspricht und der in der Ägyptologie heute noch Verwendung findet. Hieraus leitet sich die Bezeichnung »Gauvorsteher« für die Beamten an der Spitze der Gauverwaltung ab. Jeder Gau besaß ein eigenes Erkennungszeichen und konnte als männliche oder weibliche Figur dargestellt werden, die dieses Zeichen trägt.

Kanopen
Die Kanopenkrüge enthielten die inneren Organe eines Verstorbenen, die man ihm im Zuge der Einbalsamierung entnommen hatte.

Kartonage
Material aus mehreren Schichten Gewebe (in der Regel Leinen) oder Papyrus, die miteinander verleimt, mit Gips überzogen und bemalt wurden. Die Kartonage diente vor allem zur Herstellung der Grabmasken, die auf das Gesicht der Mumien gelegt wurden.

Kartusche
In der Hieroglyphenschrift wurden die beiden Königsnamen eines Pharaos von einer Linie umgeben, die eine an den Enden von einem Ring zusammengehaltene Schnur darstellt. Ursprünglich sollte damit wohl einerseits der Name des Pharaos beschützt, andererseits seine Herrschaft über alles zum Ausdruck gebracht werden, was die Sonne (symbolisiert durch den Ring) in ihrem täglichen Lauf umrundet. Der Begriff Kartusche (frz. *cartouche*) wurde von französischen Forschern geprägt, die Ende des 18. Jahrhunderts im Gefolge Napoleons nach Ägypten kamen.

Mammisi
In diesem Tempelbereich wurde in griechisch-römischer Zeit die Geburt eines Gottessohnes gefeiert.

Mastaba
Der arabische Ausdruck für »Bank« dient zur Bezeichnung eines kastenförmigen Grabtypus, der zur Bestattung der Herrscher der frühdynastischen Zeit benutzt wurde, im Alten Reich auch als

Grablege hoher Beamter. Eine *Mastaba* besteht aus einer oder mehreren unterirdischen Grabkammern, die durch einen Schacht erschlossen werden und aus einem darüber liegenden Aufbau aus Lehmziegeln oder Stein, in dem sich ein Kultraum für die Begräbnisriten und die Darbringung der Totengaben befindet.

Natron
Das Wadi Natrun zwischen Kairo und Alexandria verfügt über ein großes natürliches Vorkommen dieser salzhaltigen Substanz. Natron wurde zur Trocknung des Leichnams verwendet, indem man ihn damit bestreute, sodass dem Körper die Flüssigkeit entzogen wurde und er lange Zeiträume überstehen konnte, ohne zu verwesen. Die Unversehrtheit des Leichnams sah man als notwendige Bedingung für das Überleben des Verstorbenen im Jenseits an.

Nemes
Kopfbedeckung der Könige. Ein zumeist gestreiftes Tuch, das so um den Kopf gebunden wurde, dass zwei seitliche Streifen das Gesicht des Pharaos umrahmten.

Nubien
Antiker Name für das Grenzgebiet Ägyptens und des heutigen Sudan, zwischen dem Roten Meer und der Libyschen Wüste. Seit jeher galt das Interesse der Ägypter diesem Gebiet, das reich an natürlichen Schätzen war: Gold, Edelsteine, Hölzer, exotische Tiere und nicht zuletzt auch Menschen, aus denen sich Soldaten machen ließen. Im Neuen Reich wurde Nubien von den Pharaonen annektiert und erhielt eine eigenständige Verwaltung, an deren Spitze ein vom König ernannter Beamter stand, und es wurden dort zahlreiche Tempel errichtet. Mit dem Niedergang der königlichen Macht in Ägypten nahm auch die Kontrolle über die nubischen Gebiete ab. Nun waren es nubische Herrscher, die sich die Schwäche des Nachbarn zu Nutze machten und ein Jahrhundert lang über Ägypten regierten (XXV. Dynastie). Nach dem Einfall neuer Eroberer aus Persien und Griechenland in Ägypten kehrte Nubien wieder in einen Zustand der Isolation zurück und entwickelte eine eigene Kultur mit starken ägyptischen Elementen, die als meroïtisch bezeichnet wird.

Schen
Ringförmiges Symbol der umfassenden Ganzheit.

Uräus
Bezeichnung für das Schlangenemblem auf der Stirn von Pharaonen und Gottheiten. Der Uräus, den die alten Ägypter *iaret* nannten, verfügte über große magische Kräfte zum Schutze seines Trägers.

Uschebti
Der Ausdruck *Uschebti* stammt aus dem Altägyptischen und heißt soviel wie »der, der antwortet«. So nannte man kleine Mumienstatuetten aus Holz, Stein oder Fayence, die zu den Grabbeigaben gehörten. Ihre Aufgabe bestand darin, den Verstorbenen bei der Feldarbeit zu ersetzen, die dieser im Jenseits zu leisten hatte. Der Name rührt von der für gewöhnlich auf die Vorderseite der Statuetten geschriebene Formel her, mit der der Verstorbene die kleine Figur anruft, damit sie an seiner Stelle auf den Aufruf der Götter zur Bearbeitung und Bewässerung der Felder antwortet. Die Geräte, die die *Uschebti* in der Hand halten, eine Hacke und ein Beutel für Saatgut, weisen unmissverständlich auf diese Funktion hin und spiegeln den Jenseitsglauben der ägyptischen Bevölkerung wieder, die zum Großteil aus Bauern bestand.

Usekh
Wörtlich »weit«, so hieß wegen ihrer Form eine mehrsträngige Kette mit verschieden geformten Perlen.

REGISTER